꽃구경 나서듯

이애란 수필집

에세이스트사

책을 내며

 수학을 전공해서 꽤 오랫동안 강의하며 학생들과 더불어 지냈고, 음악을 좋아해서 음악과 함께하며 살아왔습니다. 뼛속까지 자연과학도인 저는 글을 쓴다는 건 단 한 순간도 생각해 보지 않은 일이었습니다.

 아이들이 자라고 내 시간이 점점 늘어가면서, 이 늘어난 시간을 무엇으로 채울까 생각하고 있는 중 딸이 적극적으로 글쓰기를 권했습니다. 마지못해 경험이나 해보자하고 전주에 있는 대학 교육원 수필반에 등록했던 것이 글쓰기의 시작이었습니다.

 글쓰기를 시작한 지 얼마 지나지 않아, 집안 사정으로 급히 서울로 이사하게 되었습니다. 적지 않은 나이에 평생을 살아온 고향을 떠나 어디론가 가는 일은, 그간 살아온 전 인생을 부정당하고 그 뿌리를 뽑히는 것 같은 충격으로 다가왔습니다. 낯선 곳에서 적응하는 것도 버거워서 글은 생각지도 못하고 있을 때 지금은 고인이 되신 전주의 김학 선생께서 에세이스트를 권해 주셨습니다. 몸소 전화해주시고 신경 써주시는 그 마음이 감사해서 보답하는 마음으로 에세이스트를 찾았습니다. 수필 공부라고는 교육원 초급반에 잠시 다닌 게 전부였던 제가 에세이스트의 작가님들과 얼떨결에 함께하게 되었습니다. 만약 에세이스트가 이렇게 훌륭한 작가님들이 모인 단체라는 것을 미리 알았더라면 저는 결코 에세이스트에 들어오지 못했을 것입니다. 부족한 저를 칭찬으로 이끌어주신 김종완 발행인님과 조정은 편집장님, 작가님들 덕에 조금만 참아보자하고 머물었던 게 지금에 이르렀습니다. 글 못 쓰겠다고 죽는 소리만 달고 살던 제가 가사수필집 『담양의 약속』에 이어 이렇게 단독 창작 수필집을 내게 되었으니 자신의 앞날조차 알 수 없는 게 사람인 모양입니다.

이제 글 쓰는 일은 저의 삶에 아주 중요한 의미로 자리 잡았습니다. 좋은 글을 함께 나누는 이런 귀한 만남이 없었더라면 제 삶이 얼마나 삭막했을까 생각하면 아득해집니다. 그러니 글 쓰는 일은 어쩌면 오래전부터 저에게 예정되어 있었던 일이었는지도 모르겠습니다. 이 모든 일이 다 우연히 일어난 일은 아닐 테니까요.

 그렇다 해도 글을 꺼내 놓는 게 맞는지 갈등이 많았습니다. 지금 노래 공부를 하고 있는 저는 한 학기에 한 번씩 연주를 합니다. 노래를 잘해서 연주하는 게 아니라 연주를 준비하는 과정 속에서 발전하는 나를 발견하기 위함입니다. 글을 잘 써서 책을 내는 게 아니라 책 낼 준비를 하면서 나를 다시 돌아보고 나조차 알지 못했던 나를 발견하게 되는 이 과정이 저를 성장시키고 있는 거라는 생각이 들었습니다. 저의 추웠던 서울살이도 어느덧 십 년이 넘어갑니다.

이 책이 그 십 년의 결산인 셈이 되었습니다. 그동안 잘 살았다는 격려를 저 자신에게 해봅니다.

 늘 아낌없는 격려를 해주시는 김종완 발행인님, 조정은 편집장님 감사합니다. 저의 시작을 함께해준 〈서정과 서사〉 화요반 문우님들, 타향살이 외롭지 않게 곁을 내어준 별자매님들께 진심으로 감사합니다. 말없이 지지해준 가족들, 특히 언제나 제일 먼저 제 글을 읽어주고 조언과 칭찬을 아끼지 않았던 사랑하는 딸 지인이에게 감사를 전합니다.

2025년 3월

차례

책을 내며 — 2

제1부

홍콩 미션 — 10
파란 마을 쉐프샤우엔 — 18
양동마을 — 27
모래성 — 32
담양의 약속 — 37
파리에서의 하루 — 45
몬세라트의 마리아 — 58
말라가에서 — 66
호이안의 미소 — 78

제2부

She's back — 86
암전(暗轉) — 96
그럼에도 불구하고 — 101
어느덧 사랑 — 106
물살이처럼 — 111
아름답고 약하고 아프고 덧없고 슬픈 — 117
고추장 퍼먹으며 운다고 — 123
아르테(Arte) — 128
라비앙 — 134
내 시간 속의 발라드 — 139

제3부

가을에 떠난 드러머 — 146
떠나보내기 — 153

　　　　　빨래를 개다가 — 162
　　　　　넌 꿈도 없니? — 172
　　　　　봄빛 나들이 — 178
　　　　　편할 대로 해라 — 183
　　　　　이제야 — 190
　　　　　어느 아파트 이야기 — 197
　　　　　경미의 선물 — 202
　　　　　낯선 별을 향하여 — 207

제4부

　　　　　들어줘서 고마워요 — 216
　　　　　누구를 위한 일일까 — 221
　　　　　그 시절의 지란지교(芝蘭之交) — 230
　　　　　그게, 아마도… — 235
　　　　　보낼 준비할 시간 — 241
　　　　　연명(延命) — 247
　　　　　그네의자에 앉아서 — 251
　　　　　마음 쌓기 — 255
　　　　　꽃구경 나서듯 — 260

이애란 론
　　　　　김종완 자아(ego)에서 주체(subject)로 — 266

발간사
　　　　　이지인 여러 갈래의 산책 — 289

제1부

홍콩 미션

 딸이 홍콩 자유여행을 가자고 했다. 언제든 어디든 딸이 가자면 나야 무조건 오케이지만 한더위에 왜 하필 홍콩을? 쇼핑하러 가는 게 아니라면 볼거리나 먹을거리는 별로라던데. 딸은 짧은 일정, 적은 비용으로 다녀올 수 있는 곳을 찾다가 비수기라 대폭 인하된 2박3일 일정의 홍콩을 골랐다고 했다. 더울 때 아예 화끈하게 더 더운 나라를 가보는 것도 새로운 경험일 수 있겠다. 이번 여행의 미션이 정해졌다. '화려한 도시, 소박하게 즐기기.'

 예약하고 사나흘 뒤 여행안내 책자와 호텔 숙박권, 비행기표가 든 봉투가 집으로 배달되었다. 딸 덕에 하는 자유여행이다. 둘이서 이국의 거리를 거닐면서 먹을 것 볼 것을 맘대로 찾아다닐 수 있다. 벌써 해방감이 느껴진다. 책을 펴고 갈 곳을 짚어보고 숙박권과 비행기표를 몇 번이나 확인하면서 출발할 날을 기다렸다. 쇼핑에는 그닥 관심이 없는 우리였기에 교통비와 식사비 등을 고려한 최소 경비만 환전했다. 쇼핑은 안 한다 해도 살인적인 물가로 이름 날리는 곳이라는데 이 적은 돈으로 가능할까 싶었지만 외려 그 빠듯함이 긴장을 고조시켰다. 겁 없는 젊음, 딸 덕에 젊은이의 모험 같은 한 발짝을 내딛을 수 있으니 그 또한 감사한 일이다.

새벽에 집을 나선 우리는 점심 무렵 홍콩 공항에 도착했다. 곧바로 여행이 시작되었다. 옹핑마을의 청동 좌불상도 보고 리펄스베이 해변에 가서 물장구도 치고 멋진 티 카페에도 가고…. 계획했던 유명지와 맛집을 이틀 동안 욕심스럽게 찾아다녔다. 발가락에는 커다란 물집이 두 개나 잡히고 몸은 녹초가 되었다.

일정의 마지막 날, 아침 일찍 체크아웃한 뒤 호텔에 짐을 맡겨두고 소호로 향했다. 안내책자를 보며 가장 가보고 싶었던 곳이다. 홍콩의 소호는 영화 〈중경삼림〉의 촬영지로 유명해진 미드레벨 에스컬레이터가 지나가는 지역 전체를 일컫는데 이국적 향취가 물씬 풍긴다고 한다. 무려 800m나 되는 세계 최장의 옥외 에스컬레이터를 타고 마을 곳곳을 구경하다가 아무 데나 내려 산책하고 마음에 드는 곳이 있으면 테라스에 앉아 차나 맥주를 마실 수 있다는 소개말은 매혹적이었다.

 소호엔 독특한 디자인의 다양한 소품들을 파는 가게들과 레스토랑, 카페, 패션숍들이 즐비했다. 서울의 인사동보다 규모는 크지만 비슷한 느낌이다. 모퉁이를 돌자 느슨한 오르막에 기다랗게 이어지는 3층짜리 낡은 슬래브 건물 벽을 따라 알록달록 예쁘게 그려진 벽화가 눈길을 끌었다. 알렉 크라우프트의 〈구룡채성〉이라는 작품이다. 화가는 1993년 철거된 구룡채성의 주택형태와 스카이라인을 이곳에 재현해 놓았다. 일명 덩라우 벽화라고 불리는데, 덩라우는 다닥다닥 붙은 이주민들의 독특한 주거형태를 일컫는 고유명사라고 한다. 구룡채성에 있었던 덩라우 주택은 최초엔 2,3층 높이였으나 무허가 증축을 거듭하여 15층까지 올라갔고 결국에는 거대한 슬럼가로 변하여 철거되었다. 기다랗게 연결된 건물은 낡았고 벽화도 색이 바랬다. 벽화 앞에서 우린 서로 방향을 바꿔가며 여러 번 휴대폰 셔터를 눌렀다.

"엄마, 여기서 사진 찍자."

"그래. 예쁘다. 이쪽 방향으로 서 봐."

 나의 어설픈 어휘력으론 '예쁘다'가 최대의 찬사였지만,

예쁘다고 하면 할수록 벽화의 본질과는 멀어지는 느낌이었다. 덩라우는 지금도 서울 곳곳에 남아있는 우리네 달동네처럼 질퍽한 삶의 현장이면서 동시에 아늑한 보금자리였던 것. 우리네 달동네에는 높은 건물은 아예 없는데 홍콩은 높이만 높을 뿐 관리되지 못하고 방치된 낡은 건물에서 빈민촌을 이루고 사는 경우가 많은 것 같다. 작가는 이곳에 구룡채성의 높은 건물들이 다닥다닥 붙어있는 허름한 풍경을 그려 넣었을 뿐인데 왜 그곳에서 사람의 체취가 풍겨 나오는지 모를 일이다. 밥 냄새, 땀 냄새, 지린내, 고린내, 화장품 냄새, 싸구려 향수 냄새, 담배 냄새, 술 냄새, 등등 모든 냄새가 뒤섞이고 발효되어 그립고 그리운 사람 냄새를 풍기는 것만 같았다.

다시 조금 걸었다. 드디어 미드레벨 에스컬레이터가 나타났다. 세계 최장이라는 말에 기대를 너무 거창하게 했나? 뭔가 번쩍거리고 특별한 디자인을 상상했는데 의외로 낡고 평범한 모양새다. 지붕이 있어도 비바람이 들이쳐서 그런지 벽면 곳곳에 페인트칠이 벗겨져 있고 바닥에는 흙먼지가 쌓여있다. 에스컬레이터 양옆으로는 현대식 건물들이 줄지어 서 있어 그대로 도시의 풍경 속으로 미끄러져 들어가는 느낌이다. 내리면 2차선 도로가 있고 도로를 건너면 또 에스컬레이터가 있고, 또 가다가 내리면 육교가 있고 육교를 건너면 에스컬레이터가 있고, 이런 식으로 고지대의 주택지인 반산구까지 20개의 에스컬레이터가 이어진다고 한다. 1993년 조성된 반산구 거주자들의 출퇴근을 위해 만들어진 것이다. 대체 얼마나 높은 산등성이에 집을 짓고 사는 것일까. 반듯한 건물들 뒤편으로 옹색하게 끼어있는 초라한 집들이 보이고 조그만 베란다 창틀마다 널어놓은 옷가지들이 펄럭이고 있다. 어젯밤 피크트램을 타고 빅토리아피크에 올라가서 봤던 홍콩의 야경이 떠올랐다. 거대한 불기둥처럼, 빛 덩어리처럼 우뚝 선 빌딩 너머로 또는 그 아래로 신비하게 반짝이던 작은 불빛의 실체가 저것이었구나! 순간 코끝이 찡했다. 낮과 밤의 간극도 아니고 미와 추, 빛과 그림자의 문제도 아니다. 찬란하고 거창한 것들은 초라하고 사소한 것들을 바탕으로 하기 마련인 걸까?

  산 중턱쯤, 에스컬레이터에서 내렸다. 길가에는 맥줏집들이 즐비하다. 인테리어가 멋진 집을 골라 들어갔다. 유리잔에 맥주를 가득 따라 놓고 한참 기분 내고 있는데 맞은편 가게에서 사람들의 환호성이 들렸다. 마침 중요한 축구 경기가 있어 TV중계를 보면서 맥주 마시고 있었나 본데, 한 골 넣은 모양이다. 잔을 부딪치고 몸을 흔들어대고 뛰어오르고 서로 끌어안는가 하면 연신 하이파이브를 하고 야단법석이다. 뜨거운 햇볕만큼이나 사람들의 열정도 뜨겁다.

 에스컬레이터 옆에 나 있는 계단으로 되짚어 내려오기 시작했다. 꼭대기까지 올라가지 못했는데도 꽤 많이 내려와야 했다. 얼마나 내려왔을까. 계단 옆 조그만 빈터에 누군가 가져다 놓은 듯 낡은 의자가 하나 놓여있다. 아픈 발을 쉬게 할 겸 잠시 의자에 앉았다. 에스컬레이터는 끊임없이 사람들을 실어 올리고 있다. 더 높은 곳에서 내려와야 할 때는 어쩌나 싶었는데 출근 시간대인 아침에는 하행으로만 운행한단다. 높은 산등성이에 지어진 빌딩들의 물 시설이나 전기 시설들은 다 어떻게 해결했을까? 내가 멋진 풍경으로써 기대했던 미드레벨 에스컬레이터는 홍콩 사람들에겐 가파른 삶의 터전이었다. 땅이 좁은 데다 산이 많은 홍콩 사람들이 살아가기 위해 궁여지책으로 만든 절실한 생활의 도구였다.

 마지막으로 하버시티의 레이저쇼를 보러 갔다. 이곳엔 쇼핑 천국 홍콩을 제대로 볼 수 있다는 대형 백화점이 있다.

쇼 시작 시간이 좀 남아 있어서 백화점으로 들어갔다. 하얀 대리석으로 치장된 백화점은 화려했다. 유리 너머에서 환한 조명을 받고 있는 고급스러운 물건들을 스쳐보며 걷다가 문득 멈춰 서서 지갑을 뒤적거렸다. 그때 딸이 물었다.

"돈 얼마나 남았어?"

"저녁 식사비 빼고 나면 만 원 정도 남네."

애초에 뭘 살 생각도 없었다지만 아무리 그래도 만 원을 들고 고급 백화점이라니. 다리만 아프고 무의미한 아이쇼핑을 하는 것도 귀찮아졌다.

"우리 레이저쇼나 보러 가자."

레이저쇼는 여행 책자에도 소개되고 구경하는 인파도 몰릴 만큼 나름대로 유명한 쇼였는데 기다림이 허무할 정도로 너무나 소박하게 레이저 몇 번 쏘는 것으로 끝이 났다.

호텔로 돌아와 맡겨둔 짐을 챙겨 공항으로 향했다. 비행기 출발 시간이 새벽 1시 20분이다. 우리가 공항에 도착한 것은 9시. 교통카드 환불을 했는데 잔액이 생각보다 많았다. 돈도 남았고 시간도 넉넉해서 여유롭게 식당을 찾았다. 웬걸, 벌써 다 문을 닫았다. 정해진 금액을 넘기지 않으려고 아이스티도 한 잔만 사서 나눠 마시고 조그만 타르트도 한 개만 사서 나눠 먹었는데…. 과자 몇 개로 끼니를 때우고 작은 면세점으로 들어가 남은 돈에 딱 맞춰 물건을 골랐다. 주머니에 달랑 동전 두어 개가 남았다. 홍콩 여행 소박하게 즐기기, 미션 완성인가?

  돈을 얼마나 절약했는지는 가늠할 수 없지만, 버스와 지하철을 타고 많이 걸었던 덕에 홍콩을 조금 더 깊이 만날 수 있었던 것만은 분명했다. 지친 몸을 비행기 의자에 깊숙이 기대었다. 덥고, 좁고, 높고, 허름하고, 화려하고, 어둡고도 빛났던 8월의 홍콩. 어느덧 비행기는 날아오르고 홍콩은 찬란한 별 무리로 변해 어둠 속으로 가라앉았다. 안녕!

파란 마을 쉐프샤우엔

 딸과 함께 했던 유럽 여행 도중, 파란 마을로 알려진 쉐프샤우엔에 가기 위해 모로코의 탕헤르로 가는 배를 탔다. 비행기가 아닌 배를 타고, 그것도 유럽에서 아프리카를 가다니! 그러나 그 거리는 생각보다 매우 가까워서 거대한 대륙과 대륙을 이동한다는 흥분감을 충분히 만끽하기도 전에 도착했다, 스페인 남부항구에서 출발한 지 한 시간쯤 뒤인 이른 저녁, 생애 처음으로 아프리카의 땅을 밟은 순간이었다.

 다음날 새벽, 확성기 소리에 잠에서 깼다. 기도 시간인 듯한데 꽤 크게 들리는 것이 가까운 곳에 사원이 있나 보다. 사원에서 멀수록 호텔 값이 비싸다더니. 이곳이 이슬람 문화권인 모로코라는 게 실감이 난다. 뜻은 알 수 없지만 좋은 말이겠지. 얼마 지나지 않아 소리는 멈췄다.

 숙소 옥상에 차려준 모로코 전통 식사로 아침을 먹은 뒤 숙소를 나왔다. 캐리어를 다음 날 돌아와서 묵을 호텔에 맡겨두고 쉐프샤우엔으로 가는 버스를 타기 위해 터미널로 갔다. 시간을 넉넉히 잡고 길을 나선 것이 너무 서둘렀던지 한 시간이 넘게 남았다. 터미널은 그다지 크지 않아서 대기실에 의자가 몇 개 놓여있을 뿐이다. 버스 몇 대가 출발 준비를 하고 있는 것을 보면서 의자에 앉았다.

그런데 잠시 후, 쉐프샤우엔에 가는 버스가 출발한다는 안내방송이 들렸다. 그럴 리가. 한 시간이나 남았는데 이렇게 빨리 출발한다고? 고개를 갸우뚱하고 있는데 표를 검사하고 있던 직원이 어서 타라며 우리에게 손짓한다. 오래 기다릴 일이 걱정이었는데 아무려면 어떠랴.

차에 올랐다. 자리에 앉아 무심히 손에 들려있는 차표를 보았다. 아차! 스페인과 모로코는 한 시간의 시차가 있다. 하마터면 하루에 한 번 출발하는 버스를 놓칠 뻔했다. 이거 혹시, 알라신이 도운 건가?

쉐프샤우엔에 도착했을 때에는 안개비가 내리고 있었다. 터미널에서 숙소까지의 거리가 꽤 되어 택시를 타야 했는데, 택시 기사 여럿이 버스에서 내리는 관광객들에게 다가가 흥정을 시도하고 있었다. 우리에게도 한 사람이 말을 걸어왔다. 외국인에게는 무조건 덤터기를 씌운다는데…. 이상한 곳에다 내려주고 가버리면 어쩌지? 낯선 곳, 낯선 사람에 대한 두려움이 괜한 걱정을 만들어냈다. 잠깐의 실랑이 끝에 흥정을 마치고 택시를 탔다. 택시가 출발하고 얼마간 지나자 마을이 보이기 시작했다. 기사는 조금만 가면 숙소가 나올 거라며 마을 입구에 차를 세웠다. 어떤 청년이 뛰어오더니 택시에서 내리려는 우리에게 숙소까지 바래다 주겠다고 했다.

"아, 우리끼리 갈 수 있을 것 같아요."

딸이 손에 들고 있던 핸드폰의 지도를 보며 말했다. 청년은 싱긋 미소를 지으며 왔던 길을 다시 뛰어갔다.

숙소를 찾기 위해 우리는 언덕으로 나 있는 좁은 골목길을 따라 걸어 올라가기 시작했다. 지나가는 사람들에게 물어가며 골목길을 빠져나오니 놀랍게도 광장이 나왔다. 이곳엔 나름 큰 번화가가 형성되어있고 광장 끝에 보이는 길에는 차들이 수시로 드나들고 있다. 아무래도 택시 기사가 우릴 너무 일찍 내려주었지 싶다.

광장을 지나 계단으로 되어있는 좁은 골목길을 올라갔다. 캐리어를 가지고 오지 않은 것이 천만다행이다. 드디어

쉐프샤우엔

숙소를 찾았다. 모로코의 특색을 그대로 가지고 있는 전통적인 쉐프샤우엔 건물들 중 하나다. 숙소를 찾느라 고생했던 일은 한순간에 다 잊어버렸다.

체크인을 하고 잠시 휴식을 취한 뒤 마을 산책을 나섰다. 쉐프샤우엔은 파란 마을이라고 불릴 만큼 건물들이 온통 파란색으로 칠해져 있다. 유대인들이 스페인에서 밀려 내려와 이곳에서 자리 잡으면서 자신들의 건재함을 알리는 의미로 벽에 파란색 회칠을 하기 시작했다고 한다. 지금은 정작 유대인들은 다시 밀려나서 어디론가 떠나고 여기에 살고 있는 사람들은 거의 이슬람교인이다. 어디선가 밀려난 자들이 푸르게 칠한 도시, 그러나 정작 그들은 다시 또 다른 곳으로 밀려나 버린 게 아이러니하게 느껴졌다. 그렇게 생각하니 조금 슬픈 파란색이다.

굽이굽이 나 있는 작은 길가에는 여러 가지 상점들로 즐비했다. 이곳의 전통의복인 듯 어릴 적 그림책에서 봤던 요술 할머니처럼 뾰족한 모자가 달린 긴 옷을 입고 다니는 사람들이 많았다. 투박하지만 편안한 디자인으로 이곳 분위기와 잘 어울린다. 물레로 천을 잣고, 가죽을 잘라 구두를 만들고, 급할 게 없어 보이는 사람들의 일상이 눈에 들어온다. 마을 사람들은 파란 하늘과 높은 산자락과 어우러져 한 폭의 그림같이 아름다운 모습을 만들어내고 있다. 문득 정지용의 「향수」가 떠오른다. 고향을 그리는 아름다운 언어로 많은 사람들을 감동시켰지만 정작 정지용은 그 속에서 농사를 지으며 삶을 체험한 농부가 아니다. 귀향길에 새삼 눈에 띈 고향의 모습을 유학생의 시선으로 그렸던, 남달리 손이 하얀 것을 부끄러워한 지식인이었다. 지금 내가 잠시 스쳐 가는 여행자의 눈으로 이곳 사람들의 삶을 아름답게 바라보며 감탄하고 있나 싶어 슬며시 미안해진다.

커다란 빵과 함께 나온 모로코 음식으로 저녁 식사를 하고 숙소로 돌아오는데 골목에 조그마한 과자 가게가 보였다. 쿠키 몇 개를 샀다. 손으로 대충 버무린 듯 세련미라고는 전혀 없는 투박한 모양새다. 한입에 쏙 넣으니 독특한 달콤한 맛이 입안 가득 찬다. 모로코 맛이다.

여전히 비가 내리고 있다. 마을을 제대로 보려면 내일은 비가 그쳐야 할 텐데…. 창밖을 내다보던 딸이 말했다.

"속상해. 순전히 엄마한테 예쁜 이 마을을 보여주려고 모로코에 온 건데."

사실 이번 여행 중에 딸이 가장 많이 마음 쓴 곳이다. 치안이나 교통, 숙소 등 여러 가지로 불편한 게 많아서 걱정하면서도 나에게 꼭 보여주고 싶다고 무리해서 일정 조정을 했다.

"괜찮아. 문제 될 거 없어. 한땐 비 오는 날이 좋아서 비가 오면 일부러 밖에 나가 쏘다닌 적도 있는데 뭐. 예쁘다. 분위기도 있고."

창밖엔 흠뻑 비에 적신 마을과 구름 걸린 푸른 산등성이가 점점 어둠에 젖어 들고 있다.

날이 밝았다. 비는 어제보다 더욱 거세다. 느지막이 아침을 먹으러 옥상으로 올라갔다. 전날 탕헤르에서도 옥상에서 식사했는데. 모로코의 숙소는 식사 장소를 옥상에다 마련하나 보다. 식당 디자인도 탕헤르와 비슷하다. 벽을 따라 길게 놓여있는 소파의 문양이 화려하다. 테이블 탁자가 낮아서 음식을 먹기에는 좀 불편했지만 여유롭게 기대앉아 분위기를 즐기며 담소를 나누기엔 좋았다.

옥상 식당에서 바라보는 경치는 빗속에서도 아름다웠지만 산책은 어려울 듯하다. 몇 시간 후면 이곳을 떠나야 하는데…. 직원에게 조금 늦게 체크아웃해도 되는지 물었다.

"그럼요, 얼마든지요."

체크아웃이 한 시간만 지나도 추가비용을 내거나 좀더 늦으면 하루치 숙박비를 내야 하는 등 엄격한 숙박 업소 규정에 익숙해 있던 나로선 그것도 신선했다. 허락은 받았지만 너무 오래 머물기 미안해서 한 시간쯤 뒤 체크아웃을 하려고 카운터로 가서 주인아저씨께 근처에 갈 만한 카페가 있는지 물었다.

"우리 집 옥상 전망이 좋아요. 내 아내가 차 끓이는 솜씨도 훌륭하고. 편히 쉬다가 시간되면 가세요."

아저씨는 우리와 같이 옥상으로 올라와서 부인을 도와 차를 끓여 손수 쟁반에 찻주전자와 잔을 받쳐 들고 왔다. 우리에게 차를 따라 준 뒤 자기 찻잔도 채우고는 싱긋 웃으며 잔을 들어 보였다. 찻값은 받지 않을 거라는 몸짓인 듯하다. 잠시 같이 차를 마신 후 아저씨는 우리를 남겨둔 채 내려갔다.

이제 정말 떠나야 하는 시간이다. 옥상에서 내려왔다. 카운터에 사람이 없다. 친절했던 아저씨를 만나지 못하고 가는 것이 못내 아쉬워 머뭇거리는데 직원이 내려왔다. 직원에게 대신 인사를 전했다.

숙소를 나와서 조금 걷는데 누군가 활짝 웃으며 손을 들어 인사를 한다. 아, 숙소 주인아저씨. 빗속에 모자를 깊게 둘러써서 얼른 알아보지 못했다. 반갑게 인사했다. 겨우 하룻밤 머문 숙소의 주인과 손님일 뿐인데 가까운 친척과 다시 못 볼 이별이라도 하는 듯 아쉬움이 진하게 남았다. 결국 여행은 사람을 만나는 일이다. 우린 다시 길을 걸었다. 버스를 타러 가는 동안 모로코에서 유명한 아르간 오일 가게에 들러 오일과 아이크림, 비누를 사고 비 때문에 하지 못한 거리 구경을 하면서 아쉬움을 달랬다.

버스터미널에 도착했다. 출발 시간이 거의 다 되어가는데 버스는 아직 도착하지 않았다. 대기실에는 꽤 많은 사람들이 먼저 와서 일행들끼리 담소를 나누며 기다리고 있다. 늦을까봐 조급하던 마음이 가라앉았다. 버스는 예정 시간을 한참 넘어서야 출발했다.

배를 타고 대륙을 건너가 만난 마을, 쉐프샤우엔에 이별의 인사를 건넸다. 다시 또 올 수 있을까? 우리가 건너온 바다 같기도 하고, 내내 내렸던 비 같기도 했던 파란색의 아름다운 마을이 시야에서 사라질 때까지 눈에 꾹꾹 눌러 담았다.

양동마을

'수필의 날' 행사에 참여하기 위해 경주에 갔다. 서울팀과는 다음 날 모든 일정이 끝난 뒤 서울로 출발할 때 만나기로 하고 전주팀과 합류했다.

행사가 끝나고 양동마을에 있는 숙소로 향했다. 양동마을은 최근 세계문화유산으로 등재되었다고 한다. 숙소로 가는 동안 날이 어두워졌다. 버스에서 내렸을 때 우선 칠흑같이 어두운 것에 놀랐다. 한참을 서 있는데도 좀처럼 어둠에 익숙해지지 않았다. 그때, 우리가 오기를 기다리고 있던 마을 사람이 우리를 반갑게 맞이하며 길 안내를 해 주었다. 발아래를 비춰주는 플래시 불빛에 의지해서 돌부리를 피해가며 조심스레 걸었다. 우리 일행이 묵게 된 곳은 작은 기와집이었다. 창호지 문을 열고 들어간 방은 자그마했지만 깨끗하게 잘 정돈되어 있었다. 낯선 곳에서의 설렘, 팀원들과 오랜만에 만난 즐거움 때문에 쉽게 잠을 청하지 못하고 이야기가 길게 이어졌다. 산속의 밤은 생각보다 시끄러워서 우리들의 소리가 묻힐 정도였다. 끊임없이 주거니 받거니 개구리 가족들이 개골거리고, 외양간에서는 소들의 속 깊은 곳에서부터 뿜어져 나오는 중저음의 소리가 길게 이어지고, 날이 밝으려면 한참이나 남았는데도 새벽이라고 빡빡 우겨대는 닭의 목청까지, 어둠 속의 양동마을은 생명의 소리들로 분주했다.

새벽녘에 잠이 깨어 밖으로 나왔다. 해가 진 뒤에 도착하는 바람에 보지 못했던 양동마을이 제 모습을 드러내고 있다. 오순도순 모여있는 초가지붕들이 정겹다. 부드럽게 경사진 산자락을 따라 올라갔다. 아래쪽에서는 잘 보이지 않았던 근사한 기와집이 아랫마을을 내려다보고 있다. 잠시 그늘에 앉아 새벽의 신선한 기운에 취해있다가 내려왔다.

아침 식사는 연잎 찰밥이다. 허기를 느꼈던 터라 아주 맛있게 먹었다. 정원에 앉아 차를 마시고 있는데 전주팀의 일정이 바뀌어 곧 출발할 거라 했다. 순간 난감했다. 서울 일행들이 오려면 아직 한 시간이나 남아있는데…. 하지만 어쩌랴. 떠나는 친구들에게 아쉬운 마음을 전하며 손을 흔들어 배웅했다.

이제 혼자다. 어라, 예기치 않게 찾아온 혼자의 시간이 마치

기다리기라도 했던 듯 자유롭다. 가방을 걸쳐 메고 새벽에 갔던 곳의 반대 방향으로 길을 잡았다. 연꽃이 예쁘게 피어있는 방죽을 지났다. 이십 대로 보이는 외국인 여자애들 둘이서 자기네들 언어로 재잘거리며 지나간다. 연꽃처럼 아름답다. 아니 연꽃보다 훨씬 더 아름답다. 그 젊음을 흉내라도 내보려는 듯 허리를 죽 펴고 걸었다. 낮은 언덕을 올라가니 대문 앞에 1800년대 가옥이란 팻말이 서 있는 기와집이 보였다. 1500년대에 지어졌다는 집도 있고. 몇백 년이란 시간 동안 그 자리에 서 있는 가옥들이다. 하지만 나의 눈에는 다 엇비슷해 보였다. 무성의한 눈길을 보내다 말고 다시 걸었다.

  시간에 맞춰 적당한 곳에서 발길을 돌려 내려왔다. 주차장 근처에서 기다리는데 한 시간이 지나고 두 시간이 다 되어도 서울팀은 오지 않았다. 햇볕은 점점 따가워지고 이제 지나가는 사람도 없다. 밤새 울어대던 동물들의 소리도 들리지 않고 마을의 대낮은 적막하기만 하다. 자유롭다고 느꼈던 혼자의 시간이 지루해지면서 불안감이 스민다. '이곳에 오지 않고 가버렸나? 그렇다면 혼자 서울까지 가야 하는 건가?' 인솔자에게 전화했다. 계획이 바뀌어서 다른 곳을 들러서 오느라 한 시간쯤 후에 도착할 거라 했다.

이런, 또 한 시간을 더 기다려야 한다. 이미 두 번이나 마을을 둘러본 나는 다시 마을에 가는 것은 그만두고 마을 입구에 있는 조그마한 가게로 갔다. 얼음이 가득 든 시원한 커피를 사 들고 나왔다. 가게 옆, 수령이 몇백 년은 되었을 것 같은 정자나무 아래의 벤치에는 이미 마을 사람들 여럿이 앉아 있다. 강렬한 햇빛을 피할 곳은 거기밖에 없다. 잠시 머뭇거리다 그리로 가서 벤치 옆에 놓여있는 빈 의자를 당겨 앉았다. 이야기를 나누고 있던 사람들이 이방인인 나에게 스스럼없이 반가운 웃음을 지으며 말을 건넨다. 어느새 사람들과 자연스레 섞였다. 넉살이 늘었다. 낯가림이 많은 성격 탓에, 예전엔 낯선 장소에 데려다 놓으면 그림처럼 앉아있더란 말을 듣곤 했는데, 나이가 주는 여유인가?

한 아저씨가 손가락으로 한 곳을 가리키며 말을 했다.
"저기 저 파란 대문집이 우리 집이오. 민박집 운영하고 있다오. 난 이 마을 토박이인데 우리 아버지도, 할아버지의 아버지도 이 마을에서 사셨다오. 아마 그 이전 조상님들도 사셨을걸요? 나도 젊을 땐 직장따라 도시에서 살았는데 은퇴하니까 다시 들어오게 되더라고요. 지금 도시에서 살고 있는 우리 애들도 그러지 않겠소?"

아! 500년이 넘는 마을이란, 500년의 이야기가 담겨 있다는 말이었구나. 공간은 그대로여도 이곳에서 살아가는 사람들은 계속 바뀌면서 그들 나름의 삶과 추억, 흔적을 남기고 있었다. 500년이란 시간이 와 닿지 않던 나는 그제야 무심히 들고 다녔던 마을의 관광 안내지를 펴서 꼼꼼히 읽었다. 15세기부터 20세기까지 이어지는 가옥들 사진을 보며 내가 보았던 실물들을 떠올렸다. 비슷한 듯하면서도 하나하나 특색이 있다. 과연 세계문화유산이 될 만한 귀한 보배였구나.

결국 사람이었나. 시간이란 사람들의 이야기로만 인식되나 보다. 사람들과 이야기를 나누다 보니 마을을 두 바퀴나 돌면서도 느끼지 못했던 감동이 또렷이 일었다. 과거는 지나가 버린 것이 아니라 현재 사람들 속에서 살아 있었다. 마을 사람들이 500년을 이어 살아가면서 이야기를 만들고, 그 이야기들이 모여 이제 양동마을의 역사가 되었다. 세대를 넘고 넘어 그곳에서 살고 있는 사람들은 나에게 수백 년의 시간을 느낄 수 있는 다리가 되어 주었다.

한 무리의 사람들이 걸어오고 있다. 드디어 도착했나 보다. 일행들과 같이 점심을 먹고 서울로 향하는 차에 올랐다.

모래성

 해질녘, 해운대의 해변을 산책했다. 과연 그 명성에 걸맞게 모래는 윤기가 흐르고 발끝에 전달되는 촉감은 양털처럼 부드러웠다. 모래사장에는 모래로 쌓은 조각물들이 있었다. 모래성은 나름 웅장했고 모래로 만든 '사람'의 표정은 금방 모래를 털고 일어날 듯 생동감이 있었다. 한 작품에 아이들 두엇이 올라가서 놀고 있다. 그 옆에는 아이들의 엄마들이 무심하게, 아니 즐겁게 노는 아이들을 아주 사랑스럽게 바라보며 담소를 나누고 있다.

 둘째아이가 자라서 유치원에 다니기 시작한 뒤부터 아이가 돌아오는 시간까지는 온전히 내 시간이 되었다. 친구와 차를 마시며 아이가 커가면서 늘어갈 여유 시간을 어떻게 보내는 게 좋을지, 이런저런 이야기를 하다 문득 친구가 함께 그림을 배워보자고 했다. 사실 그림은 나에게 뜬금없긴 했지만 그 친구도 뜬금없기는 마찬가지다. 적어도 난 그렇게 느꼈다. 미술에 관심이 없었던 데다 도구 챙기는 일이나 손에 물감 묻히는 것 등 아무래도 그림 그리는 건 귀찮다는 생각이 들었다. 나는 그대로 흘려들었고 친구는 혼자서 그림공부를 시작했다.

  대신 나는 피아노를 배우기 시작했다. 피아노는 어렸을 때 꽤 오래 했었고 대학 때도 졸업하고 직장에 다니느라 바빠져서 그만둘 때까지 쳤던 터였다. '배운 도둑질'이더라고 피아노가 쉽게 선택된 거다. 그 후 십여 년이 지나도록 나는 피아노를 치고 그 친구는 그림을 그렸다. 그동안 친구는 미대에 편입해서 졸업하고 대학원도 마쳤다. 나도 나름 열심히 피아노를 쳤고 2년제 대학을 졸업하기까지 했지만 공부를 더 하지는 못했다. 나는 아마추어, 친구는 프로가 된 거다. 나는 어느 날 자연스럽게 피아노를 그만두게 되었는데 친구는 열정이 시들지 않았고 초대전이니 개인전 등 창작 활동을 계속했다. 전시회 팸플릿을 더러 보내왔는데 그의 프로필은 점점 화려해지면서 어느덧 수상과 전시회 경력으로 한 면이 꽉 찼다.

  내겐 그가 그림 그리기를 시작한 지 얼마되지 않았을 때 선물로 준 그림 한 점이 있다. 고마운 마음에 지금껏 거실 제일 좋은 자리에 걸어두고 있다. 어설프지 않고 오히려 순수한 미감이 날이 갈수록 새롭다. 초기작이라 해서 내게 주는 감동이 적지 않은 건 쉬운 피아노곡이라고 해서 음악적 감동이 적은 건 아닌 것과 마찬가지다. 서울로 이사 온 뒤 자주 만나지 못하게 되었지만 문득 이 친구의 그림이 눈에 들어오면 그림 속에 있는 꽃들이 해맑게 웃고 있는 친구의 얼굴로 피어난다.

친구는 몇 해 전부터 자기가 다녔던 대학 교육원의 강사가 되었다. 내가 대학에 강의를 다닐 때 이 친구가 나더러 교수 친구 둬서 좋다고 한 적이 있었는데 이제 반대로 이 친구가 '교수 친구'가 되었다. 명실상부한 중견작가가 되어 사람들이 돈을 내고 친구의 그림을 산다.

그런데 전시회가 끝나고 그림이 팔렸다는 말을 들을 때면 내가 기분이 묘해졌다. 괜히 친구의 그림이 아까워져서다. 그렇다고 전시회를 했는데 한 장도 팔지 못했다면 그도 이상할 것 같고. 사실 처음에는 전시회에 가서 사람들이 그림을 산다는 것도 알지 못했다.

"그런데 그림 팔리면 기분이 어때? 그렇게 애쓰고 그린 그림을 팔려면 아깝지 않아?"

"팔리긴 해야지. 그런데 기분이 좋지만은 않아. 그림 하나하나가 자식 같다니까. 그림이 팔리면 내 자식 파는 것 같이 속이 쓰려. 가서 사랑받지 못할까 봐 애태워지고. 근데 또 안 팔리면 내 자식을 아무도 사랑하지 않는 것 같아 마음이 안 좋아."

"그러게, 그 마음 아픈 일을 왜 계속하냐고?"

"남 말하기는. 그림은 어딘가에 남기라도 하지. 피아노 치는 건 그 순간 사라지잖아."

맞는 말이다. CD 틀어놓은 줄 알았다던 내 피아노 솜씨는 이제 흔적도 없이 사라지고 말았으니까.

친구 말처럼 캔버스에 그린 그림은 어딘가에 남기라도 하지. 금방 사라지고 말 모래 위에 애써 조각을 하는 사람들은 어떤 마음일까? 자식 같은 작품을 모래 위에 올리고 그것이 스러지는 모습을 매번 봐야 하는 작가라니.

모래성 위에서 노는 아이들은 밤 깊은 줄 모르고 놀고 있다. 아이들이 작품에 올라가도록 내버려둔 걸 보면, 설마 전시 기간에 아무나 올라가서 놀게 놔둘 리는 없고 축제가 끝

낳을 게 틀림없다. 그런데도 묘하게 기분이 씁쓸하다. 결국 없어지고 말 운명이라지만 일부러 망가트리기까지 하다니. 아이 엄마들의 몰상식을 탓했다. 그러다 문득, 모래 작가는 전시를 마친 작품에 올라가 놀 아이들의 행복까지 선물하려는 것은 아니었을까 하는 생각이 들었다. 어쩌면 아이들이 작품을 완성시키고 있는지도 모르겠다. 바람에 날리고 파도에 밀려 사라질 때까지, 작품은 계속 새로운 완성을 거듭하는 것일 수도 있다. 그렇다면 작가는 자신의 손에서 떠난 작품이 스스로 완성되어가는 모습에 더 보람을 느끼고 행복하지 않을까. 친구가 그림이 팔리면 자식 떠나보내듯 아프면서도 또 그림을 보고 좋아해 주고 행복해하는 사람들에 의해 더 큰 보람을 느끼고 기쁘다고 했듯이.

하긴, 조금 이르거나 조금 늦거나의 차이가 있을 뿐 세상의 모든 것들은 필경 소멸되고 만다. 어차피 영원한 것이란 없다. 그러니 저 빠른 소멸을 내가 연연할 일은 아니지 싶다. 곧 사라지고 말 모래성을 쌓고 또 쌓으며 기뻐하고 슬퍼하며 살아가는 것이 우리네 인생살이인 바에야.

(2018 에세이스트 올해의 작품상 수상작)

담양의 약속

여전히 청년인 사랑스런 후배 애란에게,
늘 건강하고 행복한 가정이 되기를 기도하며

인쇄된 글씨에 익숙해진 요즘, 오랜만에 다시 꺼내보는 선배의 손 글씨는 지금도 힘차다.

어느 여름 날, 장성역에 도착했다. 아담한 시골 역사를 빠져나가자마자 누군가 반갑게 인사를 했다. 얼른 알아보지 못했다. 내 기억 속의 선배는 항상 ROTC 제복을 입고 있었다. 빳빳하게 깃을 세운 하얀 와이셔츠가 인상적이었다. 그런데 내 앞에 서 있는 사람은 한여름 뙤약볕 아래서 밭일을 하다 막 나온 것 같은 행색이다. 까맣게 그을린 피부에 새까만 선글라스를 끼고 영락없는 촌부의 소탈한 차림새까지, 어느 것 하나 익숙하지 않았다. 건강하고 밝은 표정 속에서 예전에 보았던 서글서글한 눈매가 낯익어 보이기까지 얼마간의 시간이 필요했다.

"어서들 와라. 먼 길 찾아줘서 고맙다. 오느라 힘들었지?"

"선배님, 오랜만이에요."

"아이고, 오랜만이다. 애란인 여전하네. 다들 그대로구나."

추억을 함께했다는 것은 참 즐거운 일이다. 거의 삼십 년 만의 만남인데 그대로라니. 우린 타임머신을 타고 예전으로 돌아갔다.

대학 때 같이 활동했던 합창단 동아리 친구가 담양에 있는 선배를 만나러 가자고 했다. 그곳에서 목사로 사역하고 있는 대학 선배가 우리를 보고 싶어 한다는 것이다. '담양'이란 말을 듣자마자 담양의 메타세쾨이어 길이 먼저 떠올랐다. 내가 그간 다녀본 여행지에서 정말 좋아하는 곳 중 하나다. 선배를 핑계로 겸사겸사 할 수 있는 담양 여행이라 얼른 승낙했다.

선배는 우리가 일 학년 때 지휘를 했다. 합창 연습을 하다가 뜻대로 되지 않을 때 짜증이 날 법도 하건만, 그럴 때는 오히려 멋쩍은 웃음만 지어 보이곤 했다. 지휘를 어떻게 했나 싶게 숫기도 없었다. 전국대학생합창경연대회에 나가게 되어 큰 무대에 섰을 때 긴장해서 벌그레 달아올랐던 선배의 얼굴이 선하다. 선배는 대기업에 입사해서 주변의 부러움을 사기도 했는데 몇 년이 지난 후 회사를 그만두고 목회자가 되기 위해 신학 공부를 한다는 말을 들었다. 지휘할 때를 빼고는 목소리가 기억이 나지 않을 정도로 말수가 적었던 사람인데 목회를 잘 할까 싶었다. 얼마 후 선배가 목사 안수를 받고 담양의 교회에서 목회한다는 소식을 들었다. 요즘 사람들은 뭘 해도 도시로 나오려 하는데 왜 오히려 작은 도시로 들어갔나 싶었다. 하지만 약삭빠른 것과는 거리가 있어 보였던 선배의 성격에는 이웃들과 정을 더 나눌 수 있는 작은 마을에서의 목회가 잘 어울릴 것 같았다. 그 후 오랫동안 잊고 있었는데 그 교회에 계속 사역하고 있었나 보다. 선배가 있는 교회는 설립된 지 99년 되었는데, 너무 낡아서 이번에 선배의 주도 아래 교회를 새로 건축했단다.

며칠 후 친구가 담양에 가면 예배를 드리게 될 것이니 특별찬송을 준비하라고 했다. 나는 화들짝 놀라며 말했다.

"예배? 우리 놀러 가는 것 아니었어?"

"물론 놀러 가는 거지. 그래도 기왕 교회에 가는 거니까."

친구는 입당예배 날에 맞춰 갈 수 있었으면 더 좋았겠지만 우리 편한 날에 가는데, 우리끼리라도 예배를 드리는 게 좋을 것 같다고 했다.

미처 생각 못했다. 모태 교인인 나는 평생 교회를 다니고 있지만 제대로 된 신앙인은 아닌가 보다. 그건 그렇다 치고, 내가 왜 노래를? 합창단 친구 중에 노래 못하는 사람이 누가 있다고. 강요하는 것은 아니지만 좋은 일이니 함께하잔다. 강요는 아니지만 거절하기 어렵게 말하는 게 강요와 뭐가 다르담. 어쩔 수 없이 그러마고 약속하고 말았다. 여행할 생각에만 들떠 있던 나는 갑자기 곡을 준비하고 가사를 외우느라 머릿속이 바빠졌다.

마중 나온 선배의 차를 타고 교회에 도착했다. 대전에 사는 친구가 식구들까지 모두 데리고 먼저 와 있다가 차에서 내리는 우리를 반긴다. 다 모였다. 다들 대단한 애정이다. 교회는 담도 없이 '월곡교회'라 적은 큰 돌만 앞에 세워져 있다. 깔끔하게 정돈된 자그마한 교회는 주변 경관과 아주 잘 어울렸다. 교회는 사람과 함께해야 한다는 선배의 지론에 따라 언제나 열려 있어서 마을회관을 대신하여 동네 어르신들의 놀이터가 되었단다. 교회 안에서 한 아주머니가 나와서 우리를 반갑게 맞이한다. 선배의 부인이다. 밝게 웃으며 남편을 찾아와주어 고맙다는 말을 여러 번 했다. 부인 역시 소박한 차림새다. 양복을 입고 회사에 출근하는 말쑥한 남편을 만나 결혼했을 때는 생각도 못했을 터인데, 시골 작은 교회 목회자의 사모가 되었다. 부인에게 도시의 세련된 흔적이라고는 전혀 남아 있지 않았다.

우리는 준비해간 대로 예배드렸다. 나도 특별찬송을 즐겁게 마쳤다. 열댓 명 남짓 밖에 안 되는 우리 동기생들끼리의 예배지만 모두 한마음이다. 이 작은 교회는 앞으로도 교인 수가 갑자기 많아지거나 대형 교회로 발전할 가능성은 없어 보인다. 하지만 마을 사람들이 이 자리를 귀하게 채워갈 것이다.

예배를 마치고 선배의 부인이 직접 준비해 준 점심을 맛있게 먹었다. 누군가 선물해 준 거라며 예쁜 상자에 담겨있는 커피를 꺼내 손수 내려준다. 어울리지 않는 투박한 커피잔 탓인지 맛이 훌륭하진 않았지만 뭐든 대접해 주고 싶어 하는 마음이 고마웠다. 친구들이 서울에서 연주 활동하며 찍어둔 동영상도 같이 보았다. 친구의 권유에 못 이겨 내가 어설프지만 피아노를 치며 노래하자 다른 친구들이 즉

석에서 각 파트에 맞춰 노래를 부른다. 4부 합창이다. 합창단 활동을 같이 하던 때 수다 떨고 놀다가도 누군가 기타를 치며 흥얼거리면 어느새 가벼운 유행가 하나도 멋진 4부 합창이 되곤 했다. 시간이 많이 흘렀는데도 우리의 놀이는 여전했다.

교회를 나와서 메타세콰이어 길에 갔다. 여름에 이 길을 찾은 것은 처음이다. 푸른 잎들이 강한 햇빛을 몸으로 받아내며 빛을 발하고 있다. 길 따라 산책도 하고 이야기 나누다 보니 시간이 금세 지나버렸다.

"선배님, 내년 100주년 기념 예배 때 다시 올게요."
"그래, 그때 꼭 다시 보자."
선배의 목소리에는 힘이 실려 있다.
"우와, 신난다. 우리는 일 년 후 여행 계획이 잡힌 거네."
밝게 웃으며 배웅하는 선배를 뒤로 하고 우리는 서울로 향하는 기차를 탔다.

휴대폰에 문자가 뜬다. 담양에 같이 갔던 친구에게서 온 문자다.
"K선배 오늘 소천하셨대."

무언가 둔탁한 것이 머리를 내리치는 것 같았다.

"아니, 왜? 담양에 다녀온 지 불과 석 달 남짓인데, 그토록 건강미가 넘치던 선배에게 어떻게 그런 일이…."

선배는 그동안 당뇨와 합병증에 간경화까지 여러 가지 병을 앓고 있었는데 우리를 만나고 얼마 지나지 않아 급격히 심장이 나빠져서 수술을 받았다. 한동안은 괜찮았는데 다시 문제가 생겨서 병원으로 옮겼지만 이번엔 일어나지 못했다고 했다.

"그래서 우리를 그렇게 보고 싶어 했구나. 우린 그런 것도 모르고…."

선배는 자기의 건강 상태를 알고, 떠나기 전에 교회 완공을 하기로 마음먹고 더 열심히 모든 일들을 손수 처리했던 것이다. 이미 약해진 몸이 과로 때문에 더 빨리 망가졌지 싶다.

우리를 만났을 때 이미 다시 만나기 어려울 거라는 걸 직감하고 있었을 터인데 그렇게 밝은 웃음을 지어 보이다니. 나에게 선배는 구릿빛으로 그을린 건강한 얼굴에 호탕한 웃음소리를 내던 사람으로 남았다.

일 년 후에 만나자던 약속은 지켜지지 못했고, 일 년 후에 담양의 메타세콰이어를 보러 가리라는 생각도 같이 사라졌다. 하지만 선배는 아픈 몸을 이끌고 낡고 허름해진 교회를 새로 건축하여 하나님께 헌당하고자 했던 신과의 약속은 기어이 지켜냈다. 선배는 갔지만 햇살이 모이는 곳, 담양, 이름처럼 아름다운 그곳에 따뜻한 성소가 다시 태어났다. 선배의 분신 같았던 교회는 그곳에서 선배의 마음을 지키고 있을 것이다. 선배는 자신의 혼이 담긴 교회를 신께 바치고 어쩌면 행복하게 갔을지도 모르겠다.

예배 안내문을 다시 꺼내 들었다. 앞면에는 '30년 만의 재회'라고 쓴 타이틀에 담양의 메타세콰이어 길 사진이 실려 있고 뒷면에는 예배 순서가 있다. 서울에서부터 예배를 계획하고 순서지를 준비해간 친구가 선배 싸인 받자고 제안한 덕에 순서 아래에 선배의 글이 남았다. 힘찬 필체 속에 호탕하게 웃으며 말하던 선배의 목소리가 담겨 나온다.
"여전히 청년인 사랑스런 후배 애란에게,
 늘 건강하고 행복한 가정이 되기를 기도하며"
나도 힘을 내어 말해본다.
"네, 선배님, 이제 편히 쉬세요."

파리에서의 하루

 딸과 함께 하는 파리 여행에서의 아침이 밝았다. 부리나케 일어나 베르사유 궁전으로 가는 열차를 탔다. 너무 유명한 관광지이다 보니, 겨울 비수기에도 조금만 늦어지면 입장하는 데만도 한두 시간이 넘게 걸린다고 해서다. 그런데 너무 서둘렀다. 궁전에 도착해 보니 근처를 지나는 사람조차 거의 없어 적막감마저 돌고 하얀 눈만 하늘 가득 흩날리고 있었다. 궁전 외양 구경을 하면서 광장을 거닐다 개장 시간이 가까워질 즈음 출입구로 갔다. 싸라기 같던 눈은 어느새 함박눈이 되어 쏟아지고 줄을 선 사람들의 머리와 어깨가 금세 하얗게 변했다. 드디어 궁전 문이 열렸다.

 출입문을 들어서자마자 보이는 건물 안의 모습이 범상치 않다. 벽을 가득 채운 조각품들과 그림들, 천장화들까지 더할 수 없이 화려했다. 고개를 바짝 올려 들고 구경하랴, 오디오 설명 들으랴 마음이 한껏 바빴다. 궁전 관람을 다 마쳤다 싶을 즈음, 제일 중요한 마리 앙투아네트 왕비의 방을 빠뜨린 걸 알았다. 이 멋진 방들 중에서도 가장 멋지고 아름답다고 했는데…. 두리번거리다 일단 한쪽에 마련되어있는 벤치에 앉았다. 지도를 펴들고 방을 찾고 있는데 옆에 앉아 있던 어르신께서 말을 건넨다.

"뭘 찾나요?"

백발이 멋지게 잘 어울리는 어르신의 입가에 미소가 가득 담겨있다.

"마리 앙트와네트의 방을 보지 못해서요."

"그래요? 내가 안내해 줄게요."

어르신은 자리에서 일어나더니 성큼 앞서서 걷는다. 엉겁결에 우리는 어르신을 따라나섰다. 어르신은 꽤 멀리까지 같이 와서 직원에게 우리를 소개해 준 뒤 손을 흔들며 뒤돌아 갔다. 어라, 아까 들어왔던 입구 같은데?

한 시간 남짓 지났을 뿐인데 다시 들어간 궁전엔 관람객들로 꽉 차서 발 디딜 틈이 없다. 사람들 사이를 비집고 지나가면서 좀 전에 들었던 오디오 설명을 생각하며 장식품과 그림들을 다시 감상했다. 여유가 생긴 탓인지 대충 스쳐가며 보는데도 멋지고 화려한 모습에만 감탄한 처음과 달

베르사유 궁전

리 시대 배경이나 의미들을 좀 더 생각하면서 보게 되었다. 처음에 갔던 곳을 거의 다 지난 후에야 왕비의 방을 찾을 수 있었다. 그러니까 이미 나와 버린 우리를 다시 들어갈 수 있게 배려해 주었나 보다. 어르신 덕에 다시 보기 쉽지 않은 아름다운 궁전을 두 번이나 보게 된 거다.

왕비의 방은 마리 앙트와네트가 이 궁전을 떠나는 마지막 날까지 머무르며 온갖 호사를 다 누렸다는 방이다. 아치형의 높은 천장은 멋진 그림으로 가득하고 벽에는 커다란 초상화가 걸려있다. 화려한 수로 장식된 침대 옆에는 마리 앙트와네트가 정말 썼을 법한 예쁜 보석상자가 놓여있다. 사치와 방탕으로 세월을 보낸 여인이라는 비난과 정치적 희생양이라는 연민을 한꺼번에 받고 있는 한 여인이 보인다. 화려한 궁전 안에서 부러움과 시샘을 한 몸에 받았던 그녀지만 막상 그녀는 그저 평범한 사내를 만나 알콩달콩 살고 싶진 않았을까. 부귀영화가 다 무슨 소용이람. 화려한 방의 모습에 감탄하다 나도 모르게 한숨이 흘렀다.

궁전 밖에는 눈이 꽤 많이 쌓여있다. 이제 막 땅에 닿은 새하얀 눈에 발자국을 찍으며 멀어지는 궁전과 작별했다.

다음 행선지인 노트르담 성당으로 향했다. 프랑스 날씨는 변덕이 심해서 종잡을 수 없다더니 눈은 어느새 얇은 가랑비로 변해 있다. 버스에서 내린 뒤 시테 섬 안에 있는 성당으로 가기 위해 세느 강 다리를 건너는데 성당의 높은 첨탑이 눈에 들어왔다. 신께 가까이 가고 싶은 마음을 담은 듯 뾰족한 탑 끝이 하늘까지 닿아 보인다. 광장을 지나 성당으로 들어갔다.

여기엔 한국어 오디오가 없다는 말에 실망했다. '노트르담'에 대해 아는 거라곤 『노트르담의 꼽추』에서 나온 종지기 꼽추 콰지모토와 집시 처녀 에스메랄다 이야기뿐인데. 아, 성당

노트르담 성당

이름 노트르담이 '성모 마리아'라는 뜻이라 했던가? 짧은 상식에 상상력을 동원하느라 머리가 바빴다. 성당을 다 돌았을 즈음 우리말 방송이 들렸다. 한국어 가이드 설명이 있으니 원하는 사람은 성당 입구로 오란다. 베르사유도 그렇고, 오늘은 같은 곳을 두 번씩 관람하는 행운이 있는 날인가보다.

동그란 얼굴을 한 자그마한 체구의 가이드는 도미니크 수녀회 소속 수녀인데 봉사활동으로 일주일에 세 번, 이 년째 이 일을 하고 있단다. 성당 안에 한국 사람들이 제법 있었던 것 같은데 우리 외엔 아무도 오지 않아서 달랑 우리 둘만 안내를 받게 되었다. 그야말로 특별 과외다. 좋긴 한데, 재미없으면 어쩌나. 딴청도 못 부리고 꼼짝없이 붙들려 공부하게 생겼다. 은근히 걱정하며 수녀의 안내에 따라 다시 한 번 성당 관람을 했다. 대충 흘려보았던 그림들과 조각들이 설명을 들으며 그 의미가 새롭게 와 닿았다. 수녀는 성당 내부 안쪽 철제문으로 가더니 자물쇠를 열었다.

"여긴 저와 인연이 닿은 사람들만 볼 수 있는 곳이에요. 이 성당이 100여 년에 걸쳐 완성되었는데 그중 가장 먼저 지어진 곳이랍니다. 지금도 새벽 미사가 여기서 진행되고 있는데 이 문은 미사가 열릴 때만 개방해요. 그러니까 노트르담 성당은 사람들이 구경하고 떠나는 박물관이 아니라 지금도 사람들과 함께하는 성당인 거지요."

서늘하던 성당 내부가 '지금도 사람들과 함께 하는 성당'이라는 수녀의 말에 사람들의 온기로 가득 채워져 있는 듯 따스하게 느껴졌다. 걱정했던 것과 달리 한 시간 반 남짓의 시간이 어느새 훌렁 지났다.

"모든 만남은 우연히 일어나는 것은 없어요. 저는 오늘 우리 만남이 특별한 신의 은총이라 생각해요. 자매님들 앞날을 위해 기도할게요."

신의 은총? 기도해 주시겠다고? 귀가 번쩍 열린다. 사실 지금 딸의 인생에 아주 중요한 시험 결과를 기다리고 있는 중이다. 즐겁게 여행하고는 있지만 순간순간 초조함이 엄습하곤 했는데, 정말로 축복이 우리에게 쏟아지는 느낌이 들었다. 우리는 수녀의 축복 기원을 감사히 받으며 다음 여정을 위해 자리에서 일어났다.

해가 기울기 시작한 거리는 추워지기 시작했다. 거센 찬바람에 한기가 몸속을 파고든다. 저녁 먹을 곳으로 미리 봐두었던 식당이 꽤 멀다. 아쉽지만 가까운 곳에서 다시 찾아보기로 했다.

근처 프랑스 요리 전문점이 있단다. 프랑스에 왔으니까 프랑스 요리를 먹는 것은 바람직하다고 생각했다. 블로그에 소개된 내용에는 예약하지 않으면 먹을 수 없다고 했지만 일단 가 보기로 했다. 음식점 건물은 작고 소박했다. 다행히 자리가 있다고 하여 2층으로 안내받아 계단을 올라가는데 하얀색 요리사 복장의 한국인이 인사를 한다. 셰프가 한국인인 프랑스 음식점이었던 것이다. 파리 한복판의 프랑스 음식 전문점에서 한국인 요리사를 만나다니. 신기하고 반가웠다.

안내된 자리에 앉았는데, 바로 옆자리에 한국인 청년이

혼자 식사를 하고 있었다. 뭘 먹을지 고민하며 메뉴판을 들여다보고 있는 우리에게 청년이 음식을 추천해 주고 싶다고 말을 건넸다.

"프랑스에 왔으니까 그동안 먹었던 거 말고 여기서만 먹을 수 있는 것을 드세요. 이거 토끼 콩팥 요리랑 농어 요린데 정말 맛있어요."

청년이 손가락으로 음식 메뉴판 한 곳을 가리킨다. 용왕님이 토끼 간을 먹으려다 실패한 이야기는 들어봤어도 토끼 콩팥을 먹는다는 말은 금시초문이다. 조금 망설여졌지만, 아닌 게 아니라 여긴 프랑스니까 청년의 권유에 따라 듣도 보도 못한 요리를 시켰다. 낯선 것을 찾아 길을 나서는 것이 여행이라지만 음식 하나에도 낯선 것을 선택하기란 쉽지 않은 것 같다. 청년이 아니었다면 틀림없이 소고기나 돼지고기 등 좀 더 익숙한 음식을 선택했을 거다.

"이건 오리 간이에요. 들어보세요."

청년은 자기 접시에 있는 요리를 잘라서 건넨다. 그런데 많은 양의 음식을 조금 나눠준 게 아니라 넓고 새하얀 접시에 예쁘게 세팅되어있는 손가락 두 마디 정도 크기 음식의 반을 주는 거다. 토끼 콩팥처럼 오리 간 역시 전혀 먹어본 적도 들어본 적도 없는 음식이기에 낯설었지만, 막상 입에 넣어보니 입 안에서 살살 녹는다.

"근데 여길 어떻게 알고 왔어요?"

"그냥 가까운 곳 찾다 오게 되었네요."

"정말 잘 찾아왔네요. 여기 대표 셰프가 한국인이에요. 보셨어요? 미국 유학 중에 만난 선배인데, 최고의 실력을 인정받아서 학교 추천으로 여기로 왔어요. 저도 요리사거든요. 선배 음식 먹어보고 한 수 배우려고요."

잠시 후에 한국인 셰프가 후배 청년을 만나러 왔다. 우리와 이야기를 나누고 있는 걸 보고 우리까지 반가워한다.

잠시 주방에 다녀오겠다더니 손에 오리 간 요리 한 접시를 들고 왔다.

"서비스에요. 들어 보세요."

"아, 고마워요. 조금 전에 후배님께서 나눠주셔서 먹어봤는데요. 정말 맛있네요."

"역시 내 후배, 역시 한국인. 이럴 때 한국인이라는 자부심이 든다니까요."

셰프는 청년을 향해 엄지 척이다.

우리가 식사하는 중에 대학생쯤 되어 보이는 한국인 여

자 두 명이 들어와서 옆 테이블에 앉았다. 우린 이 청년이 요리사인 것과 우리가 추천받아 맛있게 먹고 있다는 이야기를 했다. 이 친구들도 청년에게 식사 메뉴를 추천받았다.

테이블 세 개가 마치 한 팀인 듯 화기애애한 분위기로 식사를 했다.

"프랑스는 팁 문화가 없지만 이렇게 직원이 직접 서빙해주는 음식점에서는 팁을 주는 게 관례에요. 팁 문화에 익숙하지 않은 아시아인들이 무심결에 그냥 나가면 살짝 뒷담화도 한대요."

청년의 말에 지갑을 열었다. 잔돈이 몇 센트밖에 없다. 난감해하는 걸 보고 여자 친구들이 얼른 1유로를 내민다. 나는 모자라는 대로 작은 동전들을 주려했다.

"괜찮아요. 덕분에 요리 잘 먹고 있는 걸요."

정말 기분 좋은 친절이다. 오늘 파리에서의 저녁식사는 맛에 더하여 더욱더 훌륭한 식사로 기억날 듯하다. 청년은 인천에서 음식점을 하고 있단다. 기회가 되는대로 찾아가 보기로 했다.

이미 바깥은 어두워졌다. 숙소로 돌아갈 시간이다. 전철을 타야 하는데 좀 걷더라도 한 번에 갈 수 있는 역을 찾아가려다 추위 때문에 포기하고, 일단 가까운 역으로 가서 환승하기로 했다. 역에 도착해서 티켓을 구입하려는데 기계를 아무리 만져봐도 도통 방법을 알 수가 없다. 당혹스러워하며 주변을 둘러보았다. 마침 코트 깃을 반듯하게 세운 단정한 차림새의 중년 아저씨가 역으로 걸어오고 있다. 딸이 아저씨에게 영어로 도움 요청을 했다.

"저…, 티켓 사려는데 잘 안돼서요."

앞만 보고 걷던 아저씨의 얼굴이 환한 표정으로 바뀌며 우리 쪽으로 왔다.

"어디 갑니까?"

아저씨는 우리에게 목적지를 물은 뒤 티켓 박스로 가서 버튼 몇 개를 빠르게 눌렀다. 그러더니 코트 안주머니에서 지갑을 꺼낸다. 얼른 카드를 내밀었지만 아저씨는 가볍게 웃음 지으며 사양하고 지갑에서 돈을 꺼내더니 기계에 밀어 넣었다. 그렇게 우리를 숙소로 데려다 줄 티켓이 나왔다. 당황해서 어쩔 줄 모르고 있는데 아저씨는 티켓을 꺼내어 우리에게 내민다. 그러면서 우리가 티켓을 살 수 없었던 이유를 설명해 주었다.

에펠탑

"파리 전철은 시내만 다니는 티켓과 근교로 나가는 티켓이 구분되어 있어요."

그러면서 시내 갈 때와 근교에 갈 때 어떤 걸 눌러야 하는지 천천히 또박또박 말해주었다. 그런 다음 따뜻한 미소를 우리에게 한 번 더 보내고는 성큼성큼 가던 길을 갔다. 우리는 아저씨의 뒷모습을 바라보며 낯선 여행자에게 베푸는 친절에 감사했다.

"엄마, 우리도 우리나라에 여행 온 사람들 이렇게 도와주자."

"그러자."

오늘 다 있었던 일인가 싶게 사람들에게 받은 친절이 너무나 많았던 하루다. 파리의 날씨는 여행하는 내내 햇빛 한 점 없이 눈과 비가 오락가락하면서 우중충하고 추웠다. 애쓰고 찾아와서 온종일 궂은 날씨 속에서 지내야 했으니 이곳에 별 매력을 느끼지 못할 수도 있었는데 따스한 사람들 덕에 다시 오고 싶은 곳이 되었다. 오래도록 내 기억 속에 머물며 웃음 짓게 할 파리에서의 하루다.

(덧붙임) 2019.4.15. 보수 공사 중이던 노트르담 성당 첨탑 주변에서 화재가 났다. 열 시간 남짓 계속된 불에 결국 첨탑과 그 주변의 지붕이 붕괴되었다. 나폴레옹의 대관식과 파리 해방을 감사하는 국민예배 등 역사적 사건의 무대가 되어 준 곳. 나와 딸은 물론, 수많은 사람들의 꿈과 소망, 추억을 간직한 성당이 제 모습을 잃었다. 내 어깨가 풀썩 내려앉는다. 수 세기를 지나면서 흠집이 생기고, 약해지고, 프랑스 혁명 때는 크게 파손 되기도 했지만 이제껏 건재함을 보여준 것처럼 언젠가는 제 모습을 다시 찾을 날이 오기를….

몬세라트의 마리아

 스페인 바르셀로나 근교에 있는 몬세라트 수도원에 가는 길이다. 몬세라트 수도원은 무려 천 년 전, 기암괴석으로 이루어진 몬세라트산 위에 지어진 수도원이다. 세계 3대 소년 합창단 중 하나인 '몬세라트 소년 성가대'의 노래를 들을 수 있고, 스페인의 3대 순례지이기도 해서 많은 관광객이 찾는 곳이다. 한 시간에 한 번 출발하는 기차를 놓치지 않으려고 서둘다가 점심거리 준비는커녕 아침도 제대로 못 먹고 나왔다. 식사할 곳이 마땅치 않다고 했는데…. 그렇다고 너무 서둘렀나. 역에 도착하고 보니 시간이 넉넉히 남았다.
 기차에 올라서 출발하기를 기다리고 있는데 차창 밖으로 먹거리를 파는 자판기가 보였다. 딸이 먹을 걸 사 오겠다며 기차 밖으로 나갔다. 출발 시간이 다 되어 가는데 차창 밖의 딸은 느긋하다. 나는 순간 불안해졌다. 딸이 타기 전에 기차가 출발해버리면 어쩌지? 딸 없이는 아무것도 못

몬세라트 수도원

하는 내가 홀로 머나먼 타지에 떨어지게 된다면? 내 불안을 눈치챈 딸은 장난기가 발동하는지 활짝 웃으며 나에게 손을 흔들고 한껏 여유 부리면서 얼른 들어오라고 채근하는 나를 놀렸다.

  산악열차 정거장에 도착해서 기차를 바꿔 탔다. 톱니바퀴를 단 기차는 꽤 높은 산을 향해 한참 동안 꼬불꼬불 달려 올라갔다. 기차에서 내리자 시원한 공기가 먼저 우리를 맞이한다. 역사 출구를 향해서 나가는데, 백발의 어르신과 그의 아들로 보이는 중년의 남자가 사람들이 거의 다 빠져나간 기차에서 내리고 있는 게 보였다. 아버지는 무표정한 얼굴로 시선은 허공을 향한 채 아들의 어깨에 매달리다시 피 기대어 겨우 발을 떼어 걸음을 옮기고 있다. 아무래도 건강이 심상치 않아 보인다. 우리는 무심히 스치며 역사를 빠져나갔다.

넓은 광장 너머 성당, 수도원 건물 뒤로 거대한 바위산이 병풍처럼 둘러 자리하고 있는 게 눈에 들어왔다. 울퉁불퉁 하면서도 모나지 않은 바위들이 부드러운 곡선을 만들며 서로 기대어 서 있는 모습이 웅장하고 위엄이 있었다. 가우디가 이 산의 멋진 모습에 감탄하고 영감을 받아 사그라다 파밀리아 성당과 연립주택 까사밀라를 설계했다는데, 과연 예술가에게 큰 영감을 주기에 충분해 보였다. 광장 가장자리에 있는 기념품 가게에는 다양한 소품들과 크고 작은 검은 얼굴의 마리아상이 사람들의 호기심을 끌었다. 소년 성가대과 함께, 이곳 몬세라트 수도원의 또 하나의 명물은 바로 이 검은 얼굴의 마리아상이었다.

검은 성모는 옛날부터 카탈루냐 주의 성인으로서, 치유의 능력이 있다고 알려져 왔다. 전해지는 말에 의하면 검은 성모상은 누가복음의 저자 누가가 만들고 베드로가 몬세라트로 옮겨 왔단다. 후에 사람들이 아랍인들에게 검은 성모상이 파괴되거나 빼앗길 것을 우려해 동굴에 숨겨두었다. 수백 년의 시간이 흐른 후 목동들이 근처를 지나다가 동굴 속에서 밝은 빛과 함께 천상의 음악이 들리는 것을 기이히 여겨 가보니 그곳에 검은 성모상이 있었다. 목동들은 이를 주교에게 알렸고 주교가 성모상을 옮기려 했지만 꼼짝하지 않자 여기가 성모상이 있을 곳이라 여기고 이곳에 성당을 세웠다.

여기저기 둘러보다 한 검은 성모상 앞에 섰다. 검은 얼굴의 마리아라니. 색에 대한 거부감이 없어도 조금 낯설게 느껴진 것은 사실이었다. 성모상의 얼굴을 자세히 들여다보았다. 천상의 성모가 지상으로 내려온 걸까. 성모상의 얼굴은 너무나 소박하고 수더분하고 심지어 평범해서, 마치 어디선가 만난 듯, 혹 어디서든 만나 볼 수 있을 듯 친근하게 느껴졌다.

성당으로 가기 위해 광장을 지나는데 기차에서 내릴 때 봤던 두 사람이 앞서 걷고 있다. 아들은 아버지의 느린 걸음에 맞춰 천천히 걸으면서 계속 말을 건네고 있다. 아버지는 해맑은 얼굴로 짧고 어눌하게 '어~,어~' 거릴 뿐 제대로 아들의 말을 이해하기나 했나 싶은데, 아버지의 표정에서 정말 기뻐하고 있는 게 느껴졌다.

"참 보기 좋다. 아버지와 아들이겠지?"

"그런 것 같아. 여기가 많이 걸어야 하는 곳이라 어르신 모시고 오기 쉽지 않았을 텐데."

우리는 더디 걷는 두 사람을 앞질러 성당으로 들어갔다. 예배 중인 성당 안에는 예배에 참석한 사람들과 관광객들로 가득했다. 우리는 사람들 사이를 비집고 예배석으로 들어가 앉았다. 미사 후에 시작하는 소년 합창단의 연주를 듣기 위해서다. 한참 동안 예배는 계속되고, 일어났다 앉기를 세 번이나 반복했다. 서 있는 시간은 또 왜 그리 길던지…. 성경 강독과 기도 시간인 것 같은데, 사람들이 일어나면 일어나고 앉으면 얼른 앉는 등 눈치로 따라 하는 예배의식은 그저 번거롭기만 했다. 예배 중간에 소년들이 들려주는 아름다운 성가는 가뭄 속 단비처럼 시원하고 따스했다. 덕분에 그나마 지루함을 좀 덜었다. 나는 마음을 다잡고 자세를 정돈했다.

예배를 마치자 흰옷 입은 신부들은 격식에 맞춰 퇴장하고 양옆에 서 있던 소년 대원들이 가운데로 나와 합창대열로 섰다. 합창 준비가 끝나자 예배하는 사람들과 관광객들을 구분해 놓았던 줄을 치웠다. 뒤에 서 있던 사람들이 앞으로 몰려들고 자리가 정돈되자 드디어 연주가 시작되었다. 아이들의 노랫소리는 세계 최초로 만들어진 소년 성가대

몬세라트 성당. 검은 성모상과 소년 성가대

이자 세계 3대 소년 합창단이라는 명성에 걸맞게 너무나도 감미로웠다. 오래 간직하고 싶어서 얼른 휴대폰의 녹음 버튼을 눌렀다. 이런 소리를 내기 위해서 얼마나 많은 노력을 했을까. 어떤 작가가 '아름다움은 언제나 슬픔과 붙어있다'고 했다던가?

　예배시간 내내 어른들보다 더 진지하게 예배의식을 치르고 다시 노래하고 있는 아이들을 보면서, 아름다운 노래에 감동한 만큼이나 아이들의 수고가 깊이 느껴져서 가슴 저리고 코끝이 찡했다. 이 아이들은 성당 가까운 곳에 있는 기숙 음악학교에서 전문적인 교육을 받는다고 한다. 그야말로 신과 함께하는 아이들이란 생각이 들었다.

대성당 제단 뒤편 이 층에 있는 검은 성모상을 눈으로 찾았다. 검은 성모상은 유리로 만든 보호벽으로 감싸져 있는데 오른손 부분을 뚫어 놓아 사람들이 만질 수 있게 해 놓았단다. 이 층으로 올라가는 계단에 서 있는 사람들 줄이 아래층을 지나 성당 밖으로 이어져 있다. 줄을 따라 성당 밖으로 나왔다.

"줄이 너무 기네. 어떻게 할까?"

"그냥 가자. 아무려면 만져야만 소원을 들어주실까. 들어주실 생각이면 안 만져도 들어주시겠지."

호기심이건 어떤 번민을 치유 받기 위한 진심이건 성모상을 보고 만지려고 긴 줄을 만들고 있는 사람들을 보면서, 호기심도 진심도 번거로움을 참을 만큼 크지 못한 우리는 그냥 포기하고 돌아섰다.

산악열차를 타려고 정거장에 도착했을 때 아버지와 그의 아들이 먼저 와서 기다리고 있는 게 보였다.

"저분들 또 만나네."

"그러게, 우리가 꽤 오래 있었는데…."

"저분들도 마리아상은 못 봤겠다."

"그치? 계단 올라가는 건 무리셨을 거야."

초점 없는 눈이지만 한없이 맑고 환한 얼굴을 한 아버지는 아들의 곁에 바짝 붙어 손 하나는 아들 어깨에 걸치고 다른 손은 지팡이에 기대고 서 계셨다. 자기를 지켜줄 유일한 끈이라는 듯 전적으로 아들에게 의지하고 있는 모습이다. 아버지의 팔을 잡고 있는 아들의 하얀 손이 새삼 예쁘다. 아들의 밝은 표정에서는 어쩔 수 없이 하는 희생이나 의무가 아니라, 아버지와 함께하는 진심 어린 기쁨이 느껴졌다.

마리아가 살아있다면 저런 모습일까? 내 머릿속에 각인 되어있는 성모상은 기품 있는 우아한 얼굴에 온화한 미소를 짓고 있는, 때 묻지 않은 순백의 여성 이미지였다. 그런데 어쩌면 진짜 마리아의 모습은 검은 성모상에 더 가까울지 모르겠다는 생각이 스친다. 세상의 때가 묻고 햇빛에 검게 그을릴지라도, 온 마음을 다해 사랑하는 이를 지키고 그를 위해 기쁘게 손을 내어주는 마리아. 검은 성모상을 보지도 만지지도 못했지만 두 사람을 보면서 마치 살아있는 마리아라도 만난 듯 가슴이 충만해지는 것이 그야말로 무언가를 치유 받은 느낌이다. 검은 성모상의 순박하고 평범한 얼굴처럼, 마리아는 세상 곳곳의 평범한 사람들 마음속에 살아있나 보다.

열차가 도착했다. 우리는 다음 일정을 향해 출발했다.

말라가에서

 느지막이 호텔을 나섰다. 스페인 여행 일주일차, 사흘간 머물 도시인 말라가에 가는 날이다. 말라가는 스페인 남부의 항구도시로 푸른 바다와 청명하고 따뜻한 날씨로 자국민들뿐 아니라 외국인에게도 사랑받는 관광지다. 이번엔 특별히 '에어비앤비'라는 사이트를 통해 예약했다. 주인이 살고 있는 집의 방 하나를 여행객들에게 빌려주는 곳인데, 현지인의 삶을 날 것 그대로 느낄 수 있어서 요즘 새로이 각광받는 방식이란다. 아침 일찍 나가서 저녁에 들어갈 예정이니 그 집 식구들과 부딪힐 일은 별로 없다지만, 이런 형태의 숙박은 처음 경험해 보는 것이라서 은근히 걱정이 되긴 했다. 하지만 외국에 나가서 그 나라 사람의 사는 모습을 직접 만나 볼 수 있는 기회는 흔하지 않으니까 약간의 불편함을 감수하기로 했다.

첫째 날

숙소에 도착했다. 훤칠한 키에 굵게 쌍꺼풀진 큰 눈이 선한 인상을 주는 주인아저씨가 우리를 반갑게 맞이해 주었다. 아저씨는 방과 주방, 냉장고 등 우리가 사용할 공간을 설명해 주면서 자기들이 없을 때는 편히 이용하라며 거실로 안내했다. 커다란 테이블이 있고 소파가 두 세트나 들어가고도 여유 공간이 많은 거실의 모습에 우리는 눈이 휘둥그레졌다. 엘리베이터가 너무 작아서 캐리어 두 개를 겨우 집어넣고 딸과 둘이 꽉 껴서 겨우 타고 올라온 터여서 집에 대한 기대가 적었나 보다. 낮은 책장이 거실의 벽을 따라 놓여져 있는 것도 멋스러웠다. 햇볕 잘 드는 넓은 거실 한 편에 잠을 자고 있던 고양이가 느리게 일어나 우리들 발치를 어슬렁거렸다. 고양이 이름이 '갸또'라 했다.

방에 짐을 내려놓고 집을 나섰다. 숙소 근처가 유명 관광지인데 동네에는 지나다니는 사람도 없고 이상하리만큼 조용했다. 마을을 벗어나자마자 지중해의 푸른 물과 하늘이 맞닿아 있는 바다가 눈앞에 확 펼쳐졌다. 해변에는 햇살을 즐기러 나온 사람들로 활기가 넘쳤다. 사람들이 다 여기 나와 있느라 동네에 사람이 없었나 보다. 햇볕은 따뜻했지만 바람은 꽤나 차가운데 사람들의 옷차림은 얇은 민소매나 반팔 티 차림이 대부분이다. 해변을 따라 늘어선 음식점들은 건물 바깥에 예쁜 파라솔과 테이블을 갖춰놓아서 사람들이 바람과 햇빛을 그대로 받으며 식사를 하고 있다. 우리도 그중 한 집에 들어가 생선튀김요리와 야채로 식사했다. 햇빛과 바다와 사람들이 만들어낸 그림 같은 풍경 속에 섞여 나도 같이 풍경이 되었다.

식사를 마친 후 근처에 있는 피카소 미술관으로 갔다. 미술관 앞에는 사람들이 길게 줄지어 서 있다. 일요일 오후에 무료 개방을 한다 해서 간 것인데 공짜 좋아하는 마음은 세계 공통인가보다.

"공짜도 좋지만 아까운 시간을 너무 낭비하는 거 아닌가? 내일 다시 올까?"

"근데 엄마, 딱 공짜로 보면 좋을 만큼이래. 피카소의 유명한 그림들은 대부분 뉴욕에 가 있고 여긴 작품이 많이 없어서. 대신 피카소가 어릴 때 그렸던 그림들이 많이 있고."

"그래? 그러면 좀 참아 볼까?"

줄은 길었지만 다행히 생각보다 빨리 입장했다. 나는 피카소가 추상화를 많이 그렸던 작가인 줄만 알고 있었는데 이곳엔 사실화 그림이 많았다. 피카소가 추상적 그림을 그리기 전에 그린 사실화들과 추상화로 변화되는 과정을 볼 수 있어서 흥미로웠다. 전시실 벽에 피카소가 했다는 말이 영어로 씌어있다. 대충 이해한 내용에는 자신의 예술 세계에 대한 열정과 믿음, 자신감이 드러나 있다.

젊은 날의 피카소는 가까운 친구의 죽음과 가난 등, 어려움을 겪으며 푸른 색채로 자신의 고통을 표현했다고 한다. 그 뒤 익숙한 것에서 벗어나 입체파(큐비즘)로 불리는 새로운 정신과 개념을 창조했다. 한 세계를 연다는 것, 새로운 사유를 연다는 것은 정말로 어려운 일이다. 확신을 갖고 자기만의 세계를 주저 없이 나갈 수 있어야만 가능한 일이다. 그의 자신감의 원천이고 그가 천재로 일컬어지는 이유겠다.

특이하게도, 그 미술관에서는 피카소 아버지의 그림도 볼 수 있었다. 피카소의 아버지는 그가 어릴 적 직접 그림을 가르쳐 준 스승이었다는데, 혁신을 추구한 아들에 비해서는 비교적 전형적인 아름다운 그림을 그렸던 것 같다. 피카소는 그런 아버지를 뛰어넘어 자신만의 그림 세계를 세웠다. 피카소의 눈에 아버지의 그림은 어떻게 보였을까? 태산같이 크던 아버지의 어깨가 어느 순간 조그맣고 초라하게 보였을 때처럼 당혹감을 느꼈을까? 피카소의 아버지는 피카소의 천재성을 알아보고 자기가 이루지 못한 꿈을 이루어 줄 거라고 확신했다. 놀랍도록 빠르게 성장하는 아들의 미술 실력에 감탄하던 아버지는 자신이 쓰던 화구를 모두 물려준 뒤 다시는 그림을 그리지 않았다고 한다. 사실 평생 피카소의 화풍을 이해하지는 못했다는데, 어쨌건 천재를 키워낸 아버지의 자부심은 대단했을 것 같다.

박물관 가까이에 있는 피카소 생가에는 피카소가 사용하던 물품들을 전시해 놓았다. 아기자기한 소품들과 피카소가 스케치한 그림과 소묘, 그가 썼던 방과 책상, 가족사진 등 피카소의 젊은 날을 볼 수 있었다. 이 모든 걸 공짜로 즐겼다는 게 슬며시 미안해진다.

피카소 생가를 나와 말라가 대성당으로 갔다. 다른 날 들른 성당하고는 사람들의 분위기가 많이 달랐다. 차분하고 진지한 걸음으로 들어오는 사람들마다 묵상기도를 올린다. 아, 오늘이 일요일이구나. 미술관 공짜 관람만 좋아했지 교회는 잊고 있었다. 딸과 나는 잠시 의자에 앉아 다른 사람들처럼 묵상기도를 했다. 눈을 뜨고 딸을 바라보았다. 아직 기도 중인 딸의 모습이 사랑스럽다. 불확실한 미래에 대한 불안감이 어느 때보다 많아서 심신이 불안정한 시간인데 모든 것 뒤로하고 시작한 여행이다. 딸의 간절함이 느껴졌다.

마을엔 대부분의 슈퍼와 음식점들이 문을 닫아서 열려있는 곳으로 가려면 해변까지 다시 가야 한다. 다행히 문을 열고 있는 작은 가게 하나가 눈에 띄어서 저녁거리로 바게트와 하몽을 사 들고 숙소로 돌아왔다.

주방을 마음대로 쓰라고 했지만 어쩐지 낯설어서 그냥 방에서 먹기로 했다. 옹색하고 조그만 테이블에 놓인 가벼운 음식이었지만 만찬을 앞에 놓은 듯 충만했다. 우리의 수다는 밤 깊은 줄 모르고 계속되었다.

둘째 날

아침에 일어나 주방으로 갔다. 주방 테이블에는 예쁜 접시와 커피잔이 세팅되어있고 빵과 차 등이 우리를 위해 준비되어 있다. 주인집 식구들은 다 나갔는지 인기척이 없다. 고양이만 느린 걸음으로 다가와 우리를 쭉 훑어보더니 다시 거실 창가 햇빛 속으로 들어간다. 커피를 곁들인 식사를 여유 있게 마쳤다. 설거지는 그대로 두라고 했지만 차마 그냥 두고 나올 수 없어 그릇을 닦는데 눈앞에 서랍장이 보인다. 서랍장에는 우리 접시들과 똑같은 접시들이 크기대로 줄 맞춰 잘 정돈되어 있다. 불특정한 누군가를 집안으로 들이고 자신들이 사용하는 식기와 주방도구를 내어 주는 것에 전혀 부담이 없는 사람들의 생각이 정말 대단하다. 거실로 나가 고양이를 쓰다듬으며 잠시 앉아 있다가 집을 나섰다.

오늘은 근교 여행을 가기로 한 날이다. 고속버스를 타고 '안달루시아의 산토리니'라고 불리는 프리힐리아나에 갔다. 언덕 위의 하얀 집들이 강렬한 햇빛과 지중해의 푸른빛과 어우러져 눈이 부시도록 반짝인다. 바닷가로 나 있는 길따라 놓여있는 테이블에 사람들이 앉아 식사하고 있다. 햇빛 속에 몸을 맡기고 활짝 웃고 있는 사람들의 얼굴에 생동감이 돈다. 우리도 그들 사이에 섞여 앉았다. 햇빛과 바람이 우리 머리 위를 사이좋게 넘나들었다.

버스를 타고 이십 분 남짓 지나 도착한 '네르하'의 해변은 항구인 말라가의 해변과는 또 다른 분위기로 아기자기하고 섬세한 아름다움이 느껴졌다. 스페인 국왕 알폰소 12세가 이곳의 전망에 반해 '발코니'라 불렀다 해서 그 후로 '유럽의 발코니'란 이름을 갖게 되었단다. 발코니 맨 끝으로 다가가 양팔을 넓게 펴고 가슴 깊이 숨을 들여 마셨다.

에메랄드빛 바다가 끝없이 펼쳐지고 있는 아름다운 유럽의 발코니가 '나의 발코니'가 되었다.

  말라가로 돌아오는 버스를 탔다. 어둠이 찾아든 차창 밖으로 석양이 붉게 물들기 시작한다. 어느새 또 하루가 지나가고 있다. 딸과 하루 온전히 같이 보내고 있는 이 시간이 너무나 소중하다. 이런 시간이 다시 올 수 있을까? 아쉬운 마음에 버스에서 내린 뒤 해변으로 나가 조금 더 산책하고는 저녁거리로 면 요리를 사 들고 숙소로 돌아왔다.

  오늘은 주방에서 식사하기로 했다. 하루를 지나고 나서야 이 집이 좀 편해졌나 보다. 주방에는 주인 딸이 나와 있었다. 와인을 따르고 있던 주인 딸은 가볍게 몇 마디 우리와 인사를 나누고 와인 두 잔을 들고 거실로 갔다. 식사를 마치고 방으로 들어가는데 중문 유리창 너머로 거실에 앉아 있는 부녀의 모습이 보였다. 아버지와 딸이 나란히 앉아 와인을 마시며 이야기 나누고 있는 모습이 사랑스럽고 평화롭다. 나라면 틀림없이 커튼을 달거나 불투명 유리로 바꿨을 텐데…. 저녁에 식구들과 있는 자리조차 보여주는데 거부감이 없을 정도로 사람에 대한 신뢰가 깊을 수 있다는 게 낯설고 존경스럽기까지 하다. 이 집과 이 집 사람들이 진심으로 편해졌다.

셋째 날

 말라가 근교여행을 할 만한 곳은 다했기에 시내 구경을 하기로 했다. 그런데 조금만 걸어도 물집이 잡히는 내 발가락은 이번 여행에서도 여전히 나를 괴롭게 했다. 딸이 약국에 들러서 보호 테이프를 사 왔다. 벤치에 앉아 양말을 벗고 테이프를 붙였다. 그러고 보니 지금껏 길거리에서 양말 벗는 정도도 해보지 않았다는데 생각이 미친다. 이런 게 자유인가? 모르는 사람들의 시선이라고 이렇게 무시해도 되나? 하긴, 터미널 그 사람 많은 곳에서 어떤 여자는 겉옷을 훌렁 벗고 갈아입기도 하던 걸.

 테이프 덕에 나아진 발로 좀더 거리 구경을 하다 백화점으로 들어갔다. 딸을 위해 괜찮은 옷 한 벌이라도 척하니 사주고 싶건만, 시험 결과를 기다리고 있는 중인 딸은 정장에도 캐주얼한 옷에도 진지하게 눈길을 보내지 못한다. 가방 코너에서도 역시나 마찬가지다. 아닌 게 아니라 만약 합격하지 못한다면 또다시 일 년을 책에 파묻혀 보내야 하는데 뭐가 눈에 들어올까. 여행하며 즐거운 시간을 보내고 있지만 밝게 웃고 있다가도 순간순간 절벽으로 떨어지는 듯, 마음 고생을 하고 있는 딸이다. 우리는 넓은 매장 이곳저곳을

네르하, 유럽의 발코니

프리힐리아나

샅샅이 둘러보며 명품 백 하나쯤 사려는 것처럼 긴 고민 끝에 작은 가방 하나를 골랐다.

저녁 식사하려고 봐두었던 음식점으로 가는 길에 큰 슈퍼를 발견하고 구경삼아 들어갔다. 물값이 놀랄 정도로 싸다. 오렌지를 직접 갈아 주스로 만들어 병에 담아 가도록 해 놓은 코너도 있고. 우린 어느새 이것저것 욕심껏 바구니에 담고 말았다. 계산을 끝내고 보니 짐의 무게가 만만치 않다. 어쩔 수 없이 집으로 들어와 짐을 내려놓고 집 근처 음식점으로 갔다. 돼지고기 스테이크가 기대 이상이다. 일일이 인터넷으로 평가 좋은 곳을 찾는 딸의 수고 덕이다.

집에 들어와 거실로 나갔다. 거실 한쪽에 놓여있는 빨래 건조대에 이 집 식구들의 옷가지들과 함께 우리 옷들이 걸려있다. 식사 도구들도 같이 사용하더니 빨래도 같이 했나? 메이드가 있으니 주저하지 말고 빨래 바구니에 넣어두라고 했지만 차마 내놓지 못하다 재차 당부하는 주인아저씨의 말에 아침에 빨래를 맡기고 나갔던 터다. 이렇게나 타인에 대한 경계가 없이 살 수 있는 마음에 또 한 번 놀라며 옷가지들을 챙겼다.

말라가 해변

아침 햇살이 커튼 사이를 슬며시 밀고 들어와 일어나라고 채근한다. 이제 떠날 시간이다. 아름다운 마을과 이 집 가족들의 따뜻한 마음은 오래 기억에 남을 것 같다. 아쉬움을 뒤로 하고 방을 나서는데 막 출근하려는 아저씨를 현관에서 만났다. 인사도 못 나누고 가는 건가 싶었는데 다행이다. 눈을 동그랗게 뜨고 바라보고 있는 고양이를 길게 쓰다듬어주고 다음 여행지를 향해 집을 나섰다. 아, '갸또'가 스페인 말로 고양이라나. 예쁜 이름이라 생각했는데, 말하자면 '고양아, 고양아' 이렇게 부른 거였네.

호이안의 미소

베트남 다낭 여행 중, 근교 도시인 호이안을 가기 위해 딸과 둘이 미리 예약해 둔 택시를 탔다. 오늘 하루 이동을 책임져 줄 택시 기사가 한국말을 상당히 잘하고 유머 감각도 있어서 가는 내내 웃음 짓게 만들어 주었다.

"영어를 할 줄 아는 사람은 좀 있지만 저처럼 한국말 잘하는 사람은 많지 않아요. 제가 공부 좀 했거든요."

기사 얼굴에서 자부심까지 느껴진다. 외국인이 한국말 배우기가 무척 힘들다던데 정말 애썼겠다 싶었다.

"한국에 가서 돈을 벌어온 친구는 부자가 되었는데 전 못 갔어요. 회사에서 직원을 키가 170센티 이상만 뽑아서 한국에 보냈거든요. 제 키가 162센티에요. 결국 포기했죠."

"아니, 어떻게 그런 일이!"

"아이고, 속상했겠어요."

동시에 터져 나온 우리 말에 기사는 이제 괜찮다고 싱긋 웃는다.

  호이안에 도착했다. 기사는 우리를 코코넛 잎으로 만든 바구니 배를 타는 곳에 내려 주었다. 강에는 꽤 많은 배들이 사람들을 태우고 떠다니고 있다. 사공이 우리를 위해 뭍에 배를 바짝 붙였다. 이게 배라고? 성인 서너 명이 타면 가득 찰 만한, 그냥 커다란 바구니가 배라니. 미심쩍어하는 내 마음을 알아채기라도 했을까. 사공은 걱정 말라는 듯 으쓱하며 두 팔을 펼쳐 보인다. 그런 다음 능숙한 솜씨로 우리가 배에 타는 것을 도와준다. 사공의 구릿빛 팔 근육이 불끈 움직일 때마다 배가 강을 따라 쑥쑥 앞으로 나갔다. 우리는 물결 따라 흔들리는 배에 몸을 맡겼다. 걱정스러웠던 마음은 저만치 사라졌다. 강의 곳곳에 배를 고정시켜 만든 무대에서 가수가 춤을 추기도 하고 노래를 들려주며 관광객들의 흥을 돋우어 주고 있다. 비가 올 거라는 예보에 걱정했는데 강렬한 햇빛에 눈이 부실 만큼 쾌청하다. 뱃놀이하기에 그만이다.

  배에서 내린 후에는 다시 택시를 타고 중심부에 있는 올드 타운으로 갔다. 호이안의 올드 타운은 유네스코 세계 유산에 등재될 정도로 옛 항구 도시 호이안의 모습을 잘 보존

하고 있는 곳이었다. 15세기에는 해상 무역의 중심지였으나, 지금은 관광객을 위한 먹거리와 기념품을 파는 야시장의 역할을 하고 있다. 길 따라 길게 늘어서 있는 상점들을 구경하며 걷는 동안 해가 슬며시 저물었다. 각양각색의 등이 하나 둘 불을 밝히고 낮에는 볼 수 없었던 활기가 살아났다. 택시 기사가 추천해 준 베트남식 샌드위치인 반미를 파는 집으로 갔다. 먹고 싶은 것을 선택하면 빵에 넣어주는데 워낙 유명한 집이라 맛보지 못하고 가면 후회할 거라나.

우리가 근처에 도착했을 때 기다리는 사람들로 꽤 긴 줄이 서 있는 곳이 보였다. 한 눈에도 기사가 소개해 준 집인 걸 알겠다. 노란 등불이 밝혀져 있는 지붕 아래 반미를 만들고 있는 손들이 분주하다. 고소한 냄새가 내 몸 가득 담긴다. 줄을 서야 하나 갈등하는 동안 점점 줄이 길어진다. 얼마나 맛있기에 그러는지 먹어봐야 할 것 같다. 한참 동안 순서를 기다리고 있는데 직원 한 사람이 나오더니 우리 바로 뒤에 서 있던 사람들을 앞으로 보내는 게 아닌가. 잠시 후 앞으로 간 사람들이 하나 둘 음식을 받아들고 나가고 있다. 음식을 만드는 사람들은 여럿인데 줄은 하나여서 뒤에 있던 사람들을 안쪽으로 보낸 거였다. 먼저 와서 기다린

호이안

사람이 있는데 뭐지? 슬며시 짜증이 인다. 그런데 불평하는 사람이 없다. 불평은커녕 아무도 신경조차 쓰지 않고 삼삼오오 이야기 나누며 기다릴 뿐이다. 이게 이곳의 여유인가? 이렇게 불합리한 게? 계산대와 음식 만드는 곳을 분리하고 번호표를 주어서 순서가 어긋나는 일 없는 우리나라 음식점이 떠오른다.

드디어 우리 차례가 되었다. 소고기 맛과 믹스 맛 두 개를 사서 바로 앞 공터에 마련해 놓은 의자로 가 앉았다. 공터 앞 가게 직원이 와서 메뉴판을 보여 준다. 코코넛과 음료수를 사서 반미와 같이 먹었다. 고소하면서도 감칠맛이 그만이다. 줄 선 보람이 있다. 게 눈 감추듯 금새 다 먹어 치웠다. 자리에서 일어나 한참 걷고 있는데 한 청년이 우리를 향해 헐레벌떡 뛰어온다.

"돈을 내지 않고 가셨어요."

청년은 우리에게 영수증을 내밀었다. 아이쿠, 돈 내는 걸 완전히 잊었다. 선불에 익숙했나. 우리 같은 사람들이 적지 않을 텐데 그때마다 이렇게 뛰어와야 하나? 미리 돈을 받으면 편할 텐데. 미안한 마음에 시스템 탓을 하며 돈을 지불했다. 그런데 화를 내도 할말 없으련만 청년은 마음 좋게 웃어준다. 효율적인 것만 따지던 나는 청년의 너그러운 미소에 완전히 빠져들었다. 총총히 걸어가는 청년의 뒷모습을 한참 바라보았다.

길에는 사람들이 점점 많아져서 서로 부딪히지 않고 걷기 힘들 정도로 복잡해졌다. 강에는 등을 밝힌 배들이 관광객들을 태우고 유유히 떠다니고 있다.

택시 기사를 만났다. 여기는 비가 오지 않았지만 근처 해변에는 비가 엄청나게 왔단다. 그 말을 증명이라도 하듯 미처 다 흘러내리지 못한 빗물이 차도까지 차서 웅덩이를 만들고 있다. 택시 기사는 장난스럽게 씩 웃더니 속도를 높여

웅덩이를 빠르게 통과했다. 덜컹, 하는 소리와 함께 차가 크게 흔들리고 커다랗고 하얀 물줄기가 택시를 훌쩍 넘어 튀어 올랐다 쏟아진다.

"와! 워터파크다."

딸의 말에 기사가 호탕하게 웃는다.

"그렇죠? 베트남식 워터파크입니다."

그동안 빠르고 합리적인 것만 가치를 두는데 익숙해진 채 살았나 보다. 흙탕물에서조차 웃을 거리를 만들어내는 택시 기사의 모습을 보며 그동안 잃어버린 무언가를 만난 듯 여유로워진다.

호텔로 돌아왔다. 베란다에서 바라보는 도시의 모습이 정겹다. 잠시 둘러보고 있는데 비가 한두 방울 떨어지는가 싶더니 이내 굵은 빗줄기가 쏟아지기 시작한다. 원래 같았으면 내일 여행 일정을 걱정했을 터이지만, 이제는 이 예측할 수도 없고 합리적이지도 않은 '베트남식 워터파크'를 있는 그대로 즐길 생각에 그저 즐겁다.

딸과 나란히 창가에 기대앉았다. 창문에 흘러내리는 빗물 너머 야경의 불빛이 은은하게 번지고 있다.

제2부

She's back

  딸이 대학원에 다니며 시험을 준비하던 때, 딸은 방학 중에도 거의 매일 학교에 가서 공부를 했다. 그 무렵 어느 날, 딸의 저녁밥 친구를 해주려는 김에 조금 일찍 나가서 학교 근처의 영화관에서 영화도 한 편 보기로 했다.

  내 영화 취향이나 관심 같은 것은 미뤄두고 순전히 시간에 맞춰 영화를 찾았다. 광고 문구로 나와 있는 글을 대충 읽어보니 록 음악을 하는 아티스트 이야기인 듯하다. 음악을 좋아하긴 하지만 그 관심이 클래식 음악에만 편중되어 있는 나는 최근에야 대중음악에 비로소 관심을 두기 시작했다. 그렇다 해도 특유의 강한 비트로 연주되는 록 음악은 나에게 아직도 낯설고 여전히 시끄럽기만 하다. 소리에 민감한 내 귀도 걱정되고 영화를 재미있게 볼 수 있을지 확신이 들지도 않았다.

  잠시 고민했지만 다른 선택의 여지가 없어 이 영화로 결정했다. 영화를 보다 보면 록 음악을 조금은 이해할 수 있게 될지도 모르겠다. 그렇지 않아도 나이가 들어가는 걸 인식하면서 내가 좋아하지 않는 것들도 가까이 해보려 하는 중이다. 내 색깔만 주장하는 고집불통이 되지 않으려는 작은 노력이랄까.

시간이 되어 집을 나섰다. 영화를 찾을 때 분명 제목을 보고 결정한 일이건만 영화관 근처에 다다랐을 때 영화 제목이 얼른 떠오르지 않았다. 핸드폰으로 검색해보려다 그만두었다. 상영관 앞에 포스터가 있겠지. 영화관에 도착했다. 역시 집에서 핸드폰으로 봤던 여자의 얼굴이 크게 그려져 있는 포스터가 보였다. 여자의 얼굴 바로 아래 굵고 멋지게 디자인된 글씨가 씌어있다.

'SHE'S BACK'

나는 당당하게 매표소 앞으로 갔다.

"She's back 주세요."

"네, 4시 15분 시작예요. 좌석표 보고 자리 선택해 주세요."

표를 사고 시간에 맞춰 영화관으로 들어갔다. 몇 개의 예고편이 나온 뒤 영화가 시작되었다. 어라? 제목이 《HEDWIG》이네. 잘못 들어왔나. 잠시 어리둥절했지만 상영관이 딱 두 개밖에 없으니 그럴 리는 없었다. 곧바로 내가 봤던 여자의 얼굴이 나왔다. 'SHE'S BACK'은 영화 광고 문구였다. 매표소 직원이 한심한 나의 실수를 알아채고 센스 있게 표를 준 거다. 《HEDWIG》은 원래 뮤지컬로 공연이 되었는데 15년 전에 영화로 만들어졌고 이번에 재개봉한 거였다. 그래서 'She's back'이었나 본데. 에휴, 고집쟁이가 될 기회도 없이 멍텅구리가 먼저 되겠다. 제목도 잘 모르고 들어온 영화는 내 감정과 상관없이 계속 이어지고 있다.

베를린 장벽이 세워질 때 엄마를 따라 동독에 와서 살게 된 주인공 한셀은 미군 라디오 방송에서 나오는 록 밴드의 음악을 들으며 자란다. 장벽 너머의 세상을 꿈꾸던 한셀은 자신을 유혹하는 미군 루터를 따라가기로 한다. 루터를 따라 국경을 넘기 위해서는 결혼밖에 방법이 없다. 신체검사와 여권이 필요하다는 루터의 요구로 한셀은 성전환 수술을 하고 엄마의 여권 사진을 바꿔 넣은 뒤 엄마 헤드윅의 이름과 여권으로 미국으로 간다. 헤드윅으로 살아가게 되는 한셀의 자기 부정의 시작이다. 하지만 수술은 실패해서 그의 남성은 완전히 제거되지 못했다. 28년간 동서를 구분했던 베를린 장벽은 무너지지만, 헤드윅은 남성과 여성의 어디에도 속하지 못하는 사람으로 살아간다. 동성애자인 루터는 새로운 남자친구와 떠나고, 헤드윅은 군부대 근처에서 매춘하며 근근이 살아간다. 그곳에서도 쫓겨난 그는 '앵그리 인치'라는 밴드를 결성해 활동하며 미군 장교 아기를 돌보는 일을 한다. 이때 장교의 17살인 둘째아들 토미와 사랑에 빠진다. 풋내기 로커였던 토미는 헤드윅에게 많은 도움을 받아 음악적으로 성장하지만 그의 비밀을 알고 떠난다. 헤드윅이 만든 곡을 가지고 간 토미는 세계적인 스타가 된다. 다시 매춘을 하던 헤드윅은 우연히 토미와 만나게 되고, 교통사고로 같이 있던 모습이 언론에 알려진다. 토미는 헤드윅을 모르는 사람이라고, 남자인지도 몰랐다고 부인하지만 그와의 관계를 사람들이 알게 되고 헤드윅의 인기가 급상승한다. 배신감과 자신의 존재에 대한 갈등으로 방황을 계속하던 헤드윅은 어느 날 토미가 자신에게 용서를 비는 노래를 부르고 있는 것을 본다. 세상에 대한 진정한 용서와 화해를 한 헤드윅은 무대로 돌아온다. 무대에 선 헤드윅은 여장했던 가발과 드레스를 뜯어내고 가슴을 볼록하게 보이게 하려고 속옷에 넣었던 빨간 사과를 꺼내어 던져 버린다. 이제 그는 그 자신이 되었다. 모든 것을 벗어 던져 버리고 그 자신에게 돌아왔다. 그는 온몸을 불사르며 기쁨과 열정으로 가득한 참된 노래를 부른다.

어둠으로 가득 찬 화면에 세상 속으로 걸어나가는 그의 뒷모습이 보인다. 알몸인 그의 실루엣에 가느란 빛이 비친다. 예전에 두 개의 조각난 얼굴이 그려져 있던 허벅지의 문신은 지워지고 어느덧 하나의 온전한 얼굴이 되어있다.

뮤지컬 영화답게 영화가 시작하자마자 화려하게 화장을 하고 번쩍이는 의상을 입은 여자가 노래를 부르는 경쾌한 록 음악 공연 장면이 나왔다. 생각보다 시끄럽지 않았고 선율에 따라 흐르는 노랫말이 아주 인상적이었다. 영화가 하고 싶은 이야기의 대부분은 노래로 이어졌다.

> 두 개로 분리된 도시 내가 탄생한 곳
> 그 거대한 장벽을 딛고서 너에게로 왔어
> 적들과 고난이 날 무너뜨리려고 해
> 날 원하면 해보라고 날 무너뜨려봐
> 내 살이 잘린 악몽의 수술 치솟는 검붉은 피

내 몸을 쑤셔댄 잔인한 너

사람이, 모든 사람이, 적들과 고난이

덤벼봐 어디 덤벼

뱉어, 침을 뱉어 사람이 나를 부수려 하지

 꿈꾸던 베를린 장벽 너머 세상으로 왔지만 남자에게도 여자에게도 속하지 못한 자신의 고통과 그로 인해 온전한 자유인으로 살지 못했던 고뇌를 투영시켰을까? 영화는 그 시작과 끝을 '분리된 두 도시에서 태어나 장벽을 넘어'온 헤드윅의 노래로 장식했다. 풍성한 머리를 빗어 내리며 예쁜 옷을 차려입고, 가고 싶은 곳에 가는 등 보통 사람들에게는 그저 일상적인 일들을 그는 '특별한 은총'이라 말한다. 그런 은총을 받지 못한 그는 어디에도 속할 수 없는 이방인이다. 그 내면의 아픔을 장벽이 무너져 사람들은 어디든 원하는 곳으로 갈 수 있게 되었다는 말로 대신한다.

 태초에 인간은 두 쌍의 팔과 다리와 큰 머리엔 두 개의 얼굴이 있었다

 사랑에 대해선 몰랐다. 사랑의 기원 전 이야기

그땐 세 가지 성별이 있었다

등이 닿은 두 명의 남자 태양의 아이, 두 여자 지구의 아이

숟가락에 포크가 겹쳐진 듯 합쳐진 모습의

태양의 아이와 지구의 아이가 합쳐진 달의 아이

  노래는 빠르게 지나가고 나에게 대강 들리는 노랫말은 플라톤의 『향연』에 나오는 아리스토파네스의 신화 이야기다. 인간들은 자신의 완전함으로 인해 교만해졌고, 이에 분노한 신이 반쪽을 갈라놓았다. 그래서 인간은 자신의 잃어버린 반쪽을 찾아 나서게 되었다는 것이다.

  결혼이 서로의 반쪽을 찾아 하나가 되는 것이라거나 그래서 남자 여자가 잃어버린 반쪽을 찾으려 한다는 것은 많이 들어왔던 친숙한 말이다. 하지만 신화에 따르면 남자와 남자, 여자와 여자도 자기의 잃어버린 반쪽이라는 건데….

성전환 수술은 실패했지 내 수호천사는 깜박 졸았나 봐

내게 남은 건 바비인형 같은 가랑이뿐, 성난 1인치뿐이야

6인치에서 5인치는 잘리고 성난 1인치만 남았어

난 여전히 비명이 들리는 그런 나라에서 왔어

탈출하기 위해 포기한 것도 많아

이름도 바꾸고 여자로 가장했어

기차가 오고 있고 난 트랙에 매달려 있어

일어나려고 했는데 일어날 수가 없어

엄만 찰흙으로 내 가슴을 만들어줬어

남자친구는 날 멀리 데리고 가겠다고

어느 날 의사에게 날 데리고 갔어

짧고도 긴 얘기 짧게 말한 긴 얘기

노랫말 중 '짧고도 긴 얘기, 짧게 말한 긴 얘기'는 내 가슴을 후비고 들어왔다. 남자로서도 여자로서도 살아갈 수 없고 그로 인해 사회에서 온전한 인간으로서 대접받고 살아갈 수 없어 자신을 숨기고, 숨어야 하는 삶이다. 말로써는 도저히 다 설명할 수 없는 긴 이야기다. 그래서 헤드윅의 노래는 처절했다. 완벽하게 다른 성이 되지 못한 내면의 불완전성이 일 인치가 남은 불완전한 수술로 상징되었다. '성난 일 인치뿐'이라 부르짖는 노래는 절규에 가까웠고 그의 절망들이 불꽃처럼 튀어 올랐다.

하지만 그 모든 절망들을 이겨내고 다시 부르는 헤드윅

의 격정적인 노래는 또 다른 불이 되어 모두의 가슴에 뜨겁게 타올랐다.

딸 마음 편하게 해주려고 가볍게 영화 한 편 보러 왔는데 영화는 결코 가볍지 않았다. 신나는 음악과 화려한 영상들이 교차하며 몰입하게 하면서 재미있게 보긴 했지만. 영화는 단순히 고통 속에 살아가는 어느 트렌스젠더의 성 정체성을 찾아가는 이야기가 아니었다. 한 인간이 인간으로서 완성되어가는 처절한 몸부림이었다. 사실 인간의 완성이 성 정체성의 완벽에만 있을 수는 없지 않은가. 15년 전 이 영화는 사람들에게 어떤 생각을 하게 했을까? 그즈음 커밍아웃하고 모든 방송 활동을 그만두게 된 연예인이 요즘엔 TV에서 자연스럽게 활동하는 것을 보면 인식이 많이 달라진 건 틀림없다. 잃어버린 반쪽이 이성이 아닌 사람들을 그저 독특한 취향을 갖고 있다고 생각해야 하는 건지, 아니면 선택의 문제가 아니라 그렇게 타고났기에 스스로도 어쩔 수 없는 일이라 이해해야 하는 건지. 그 마음을 경험해 보지 않은 나로서는 알 수 없는 일이다.

어쨌건 'She's back', 그녀는 돌아왔다. 자신의 존재를 다시 알리며. 누가 이해를 하든 말든.

오후 공부를 마치고 나온 딸을 만났다. 전날 봐두었던 식당으로 함께 들어갔다.

"엄마, 영화 어땠어?"

내가 영화 제목을 기억 못 해서 She's back 달라고 했다는 말에 딸은 배꼽을 쥐고 웃는다.

"근데 불완전한 반쪽 둘이 만나 하나가 되는 게 결혼이라는 말 어떻게 생각해? 요즘은 결혼이라는 제도 자체에도 회의감을 느끼는 것 같던데."

"그건 아니지, 결혼하지 않으면 영원히 미성숙한 사람이게?"

맞는 말이다. 결혼은 동등하고 성숙한 두 인격체의 만남이 전제되어야지. 같이 살다 보면 어쩔 수 없이 해야 하는 희생이나 양보와 타협들이 좀더 나은 인격을 만들긴 하겠지만.

식사를 끝낸 뒤 딸은 다시 학교 도서관으로 돌아갔다. 해가 저물었는데도 아스팔트에서 올라오는 지열은 뜨겁다. 더운 날 책과 씨름해야 하는 아이가 한없이 안쓰럽기만 한데 열심히 성숙을 향한 자기 나름의 길을 찾아가고 있는 딸의 뒷모습은 힘차다.

암전(暗轉)

 지난 여름은 유난스레 무더웠다. 가만히 앉아만 있어도 숨이 턱턱 막힐 지경인데 대학에서 뮤지컬 동아리 활동을 하는 딸은 방학 내내 연습한다고 하루도 빠짐없이 학교에 나갔다. 에어컨도 없는 연습실에서 종일 연습하고 파김치가 된 채 돌아와 곧바로 씻고 곯아떨어지는 아이를 보며 저렇게까지 해야 하나 싶었지만 뭐라 말할 순 없었다. 제가 좋아서 하는 고생이니 어쩌겠나. 뮤지컬의 내용은 공연 때 봐야 신선할 거라면서 말해주지 않으니 모르겠고 가끔 연습과정이나 완성도에 대한 고민을 털어놓으니 그래도 고맙다.

 공연을 며칠 앞두고 극장에 들어가서 연습을 할 때에는 더 지쳐서 들어왔다. '암전 연습'을 한다고 했다. 조명이 꺼진 오륙 초 사이에 무대를 바꿔야 하는데, 모든 불이 완전히 꺼진 상태에서 빠른 시간 내에 소품들을 옮겨야 하므로 조명 아래서 공연하는 것 못지않게 섬세하고 치밀한 연습이 필요하다고 했다. 그동안 많은 공연을 봐왔지만 암전 시간까지 연습해야 한다는 걸 생각해 본 적은 없다. 그 연습이 어떨지 감이 오지 않아 그저 고개만 끄덕였다.

기획, 연출, 무대, 의상에 이르기까지 전부 학생들이 도맡아 하는 공연이다. 내심 가능한 일일까 싶었지만 스무 살을 갓 넘긴 학생들이 동료들, 선후배들과 힘을 합쳐 뭔가를 만들어 낸다는 것이 그저 기특했다. 공연의 완성도나 개개인의 실력은 여하간에 그 과정을 통해서 협동하고 양보하는 법, 더불어 같이 살아가는 법을 폭넓게 배우게 될 것이 틀림없다.

드디어 공연 날이 되었다. 삼 일간 총 다섯 번 공연을 한다. 첫 공연부터 보고 싶었지만 감기가 심해 가지 못했다. 둘째 날도 다 나은 건 아니었지만 궁금함을 참을 수 없어 공연장을 찾았다.

극의 배경은 서울의 달동네였다. 소설가의 꿈을 이루기 위해 상경한 작가 지망생과 멋진 장면을 찍으려고 동분서주하는 미래의 사진작가가 주인공이다. 이 둘이 꿈과 사랑을 찾아 방황하고 넘어지기도 하면서 점차 성숙해 가는 과정을 보여주는 극인데 스토리 전개가 춤과 노래와 연극 속에 잘 어우러져 있었다. 딸은 극의 재미를 이끌어가는 감초 같은 역할을 맡아 코믹하고 기발한 아이디어로 청중을 웃게 만들었다. 역할은 사소했지만 연기에 임하는 자세는 주인공 못지않게 최선을 다하는 것이, 내 눈에만 보인 건 아니겠지. 주인공을 했어도 잘 했을 것 같은데…. 그러다가 꼭 주인공만 빛나는 건 아니라는 생각이 들었다. 오히려 조연이 극을 살리는 경우도 있잖은가. 극에 생명력을 불어넣는 조연이라면 때로는 그게 더 매력적일 수 있다. 딸은 꼭 필요한 역할을 잘 해내고 있다. 작은 일에 충실하고 열심히 하는 모습이 나로선 외려 감동적이었다. 딸에게 저 경험은 아주 중요한 성장의 계기가 될 것이란 생각으로 가슴이 더워졌다. 순수 아마추어들이지만 열심히 준비했던 만큼 아주 멋진 무대였다.

 한 장면이 끝나고 암전이 될 때마다, 몇몇 사람들이 긴장을 풀고 일행들과 짧은 담소를 나누느라 주변이 소란스러워지기도 했다. 하지만 나는 그럴 수가 없었다. 사실 이제껏 어떤 공연도 환한 조명 아래 펼쳐지는 무대 위의 장면에만 관심이 있었지 암전 시간까지 염두에 두고 본 일은 없다. 조명이 꺼지고 무대가 어두워지면 배우들이 쉬는 시간인 줄 알았다. 그런데 딸이 암전을 준비하면서 어려움을 이야기했던 터라 나도 긴장이 되었다.

무대를 밝게 비추고 있던 조명이 다 꺼져버린 실내는 칠흑같이 어두웠다. 그 어둠 속으로 잔잔한 음악이 흘렀다. 덜컹거리는 소리 하나 없는 고요와 모든 빛이 지워진 어둠. 무대 뒤에서는 이전에 있었던 테이블과 의자들을 옮기느라 빠르게 움직이고 있을 것이다. 넘어지지는 않는지 걱정하며 무대 뒤의 움직임에 집중해 보았다.

영화가 시작된 뒤 극장에 들어가면 어둠에 익숙해지기까지 한참이 걸려 걷기도 쉽지 않다. 공연하다 불이 꺼지고 그 어둠에 익숙해지기 전 소품을 옮기는 일은 훨씬 어려울 것이다.

다음 무대는 어떤 모습일지, 소리 없는 움직임 속에서 변화하고 있을 무대의 모습을 상상하니 암전 시간도 재미가 있었다. 그 짧은 시간에 무대를 바꾸기 위해 어둠 속에서 소리 없이 뛰고 있을 스태프들과 배우들의 수고가 느껴졌다. 이제 막 대사를 마친 친구의 홀가분하고 즐거운 미소와 다음 장면에 출연하는 배우의 설렘과 분주함 등, 여백인 줄만 알았던 짧은 시간에도 표정이 있었다.

다시 불이 켜지고, 깜짝 놀랄 만큼 변화된 다음 장면이 나타났다. 나는 속으로 안도하며 박수를 보냈다. 새로워진 무대보다 그 무대를 만드는 수고로움에 대하여 더 오래 생각한 암전 시간이었다.

공연을 마친 딸은 팔다리 여기저기에 퍼렇다 못해 검붉은 멍을 훈장처럼 달고 들어왔다. 꽤 많이 아팠겠다. 멈춤의 시간이라고 생각했던 암전 시간은 다음의 멋진 무대를 만들기 위해 아파도 소리조차 내지 못했던 침묵의 시간이었다. 관객들은 어둠 속 잔잔한 음악에 취해 있었겠지만.

삼 일간의 공연이 모두 끝나고 배우, 스태프 등 함께했던 모든 학생들이 무대로 나와서 울고 웃으며 서로를 다독여주었다. 수고로웠던 시간을 같이한 끈끈한 우정과 무사히 끝낸 것에 대한 안도감과 자부심, 여러 마음들이 무대를 가득 채운 듯 보였다. 찬란한 빛이 있기 전 어둠이 필요하다고 한다. 공연장의 조명과 암전이 그걸 상징적으로 보여주는 것 같았다.

그럼에도 불구하고

 드디어 딸의 뮤지컬 공연이 시작되었다. 대학교 시절 몸담았던 뮤지컬 동아리 친구들이 졸업하고 각자의 자리에서 할 일을 하다가 다시 뭉쳐서 만든 공연이다. 정식으로 극단을 창단하고 무대를 올린 것으로, 프로 데뷔인 셈이다. 한 달여의 준비 작업을 마치고 본격적인 연습에 들어간 수 개월 동안 정말 열심히 준비했다. 동아리에서 하던 것처럼 시나리오부터 음악까지 모든 것이 다 창작품이다. 약간의 미숙함이 다 이해되던 동아리 활동 때와는 달리 준비하는 과정도 더 힘들고 부담감도 훨씬 컸다. 옆에서 보기에도 배우, 스태프들 모두 그 수고가 이만저만이 아니었다.

 사 일 동안 총 여섯 번의 공연이 진행되었다. 나는 첫 공연을 시작으로 내리 세 번을 보러 갔다. 첫날도 무리 없이 잘했지만 공연 횟수가 거듭될 때마다 배우들의 표정이나 노래가 더욱 안정되고 무대 조명이나 음향도 점점 나아졌다. 뮤지컬 팬들이 좋아하는 배우가 나오는 같은 공연을 몇 번씩 보러 다닌다는 말을 들었을 때는 그게 가능할까 싶었다. 그런데 딸이 나오는 세 번의 공연은 지루하거나 식상하기는커녕 매번 볼 때마다 재미가 있었다. 공연을 볼수록 배우들의 대사나 노랫말이 주는 의미가 더욱 깊어지고 새롭게 다가왔다.

뮤지컬 《그럼에도 불구하고》는 제2차 세계대전이 끝난 직후의 이야기다. 사랑하는 사람을 잃거나 전쟁 트라우마에 시달리는 사람들을 위해서 과학자들이 기억 속의 행복한 날을 찾아주는 연구를 시작하고, 드디어 신약 '드리머'를 발명하게 된다. 하지만 이 약은 장기 복용하면 현실을 잊고 꿈속을 헤매다 종국에는 아주 깨어날 수 없게 되는 부작용이 있다. 전쟁으로 인해 언니를 잃은 연구소장 시에나는 약의 부작용을 잘 알고 있었다. 그럼에도 그녀는 그 사실을 감추고 몰래 자신도 약을 먹으며 계속 언니와 함께하는 꿈을 꾸다 결국 꿈속의 언니를 찾아가는 길을 택하고야 만다. 하지만 마찬가지로 사랑하는 사람을 잃고 약을 복용하던 로즈윌로는 자신을 아끼는 친구의 도움으로 현실로 돌아온다. 고통을 받아들여야 하는 것이 삶이지만 그럼에도 불구하고 살아갈 이유는 하나가 아니라는 깨달음을 얻은 채.

스토리도 탄탄하고 음악도 너무나 훌륭했다. 이제 갓 사회생활을 시작한 이십 대 중후반 친구들이 만든 게 맞나 싶게 순간순간 전율이 일었고, 코믹한 장면에서는 미소가 흘렀으며, 슬픈 장면에서는 코끝이 시렸다. 열정에서나 능력에서나 정말 대단한 젊은이들이다. 딸의 역할은 과학자 시에나였다. 사실 나의 눈과 마음은 극의 내용이나 훌륭한 음악보다는 딸의 움직임만 따라가고 있었다. 딸은 가끔 집에서도 연습하며 내게 노래를 들어보라고 했다. 조금씩 조언도 해주며 연습 시간을 함께했기에 나는 딸이 어느 부분을 자신 있어 하고 어디가 약한지 잘 알고 있다. 취약한 지점이 다가오면 신경이 곤두서고 손에 땀이 나는 것이 공연을 하고 있는 딸보다 내가 더 긴장해서 정신을 잃을 지경이었다. 하지만 딸은 매 공연을 야무지게 해냈다. 무대 위에서 딸은 빛이 났다.

기억 속에 존재하는 어느 아름다웠던 순간들, 아쉬운 추억들을 떠올리는 것은 즐거운 일이다. 현재가 아쉽고 미래가 절망적일수록 과거는 희망을 찾는 쉼터가 되기도 한다. 시에나가 과거에 사는 사람이지만 사실 그 어떤 누구도 과거에 살지 않는 사람은 없다. 현재를 있게 한 것은 과거의 나이고 현재를 아름답게 하는 것도 역시 과거의 나일 테니까. 그러니까 우리의 삶은 언제나 과거의 나를 바탕으로 새로운 나를 찾아 나가는 여정이겠다.

사실, 이 뮤지컬을 준비할 당시에 딸은 응시했던 변호사시험 결과가 나오지 않았던 상황이라 참여 여부 자체에 대해 고민이 많았다. 연습 도중 불합격 결과가 나와 팀원들에게 피해를 줄까 봐 한참을 걱정하다가, 팀에 미리 양해를 구한 후에야 합류했다. 다행히 합격 통보를 받았지만, 시험 결과를 기다리며 우리는 하루에 수십 번씩 오르락내리락 롤러코스터를 타는 듯했다. 사실, 딸은 공연 준비를 위해 많은 신입 변호사들이 입사를 원하지만 긴 근로시간을 요구하는 대형 로펌 도전은 포기해야 했다. 동기들이 일찍부터 치열하게 앞날을 준비하는 동안 딸은 그렇게 뮤지컬에 전념했다. 그 시간이 변호사로 살아갈 인생 항로에서 가장 중요한 순간일 수도 있고, 고생해서 얻은 자격인 만큼 앞날을 위해 매진하는 게 맞았을지도 모르겠다. 변호사의 입지나 취업

시장 등, 새롭게 다가온 현실이 생각보다 밝지만은 않기도 하고. 하지만 모든 것을 다 비우고 공연에 매진하는 딸이 보기 좋았다. 딸이 자신의 삶에 길이 남을 아름다운 순간을 진심을 다해 만들어나가고 있는 것이 느껴졌기 때문이었다.

그렇다면 나는 어떨까? 극에서 던진 '당신은 언제가 가장 행복했나요?'라는 질문을 나에게 하면서 내 머릿속이 바쁘게 지나갔다. 글쎄, 난 언제 가장 행복했을까. 머뭇거리는 동안 어떤 게 나를 행복하게 하는지조차 생각해보지 못하고 산 건 아닐까 하는 생각이 먼저 떠올랐다. 그렇다면 지금의 나는 행복한 걸까 불행한 걸까. 뮤지컬을 보는 내내 행복에 대해 생각했다. 사랑하는 것들이 많아야 그만큼 행복한 일도 많다는 극 중 대사가 귀에 쏙 들어왔다. 내가 행복해지기 위해서 주변을 많이 사랑해야겠다는, 어쩌면 원인과 결과가 뒤바뀐 생각을 해보면서 젊은 친구들이 내게 해준 이야기를 마음에 새겼다.

호기심도 줄고 새로운 일을 시작하기도 망설여지는 요즈음이다. 그래도 과거에 머무르지 않으려는 노력은 계속되어야 하겠지. 사랑할 것들을 새롭게 만들어가며.

어느덧 사랑

 "엄마, 뮤지컬 보러 갈까? 난 봤는데 엄마도 보여주고 싶어서. 나도 한 번 더 보고 싶기도 하고. 소극장 공연이고 배우들도 세 명뿐이라 화려하지는 않아. 하지만 정말 좋은 작품이야."
 "고마워라."
 나는 뮤지컬이 어떤 내용인지 배우는 누구인지 애써 알려고 하지도 않고 그저 딸이 나를 위해 마음 써줬다는 것에만 고맙고 마음이 들떴다. 딸이 바로 예약을 하려는데 유명 배우가 나오는 공연은 벌써 전석 매진이고 남은 공연도 이 층 좌석밖에 없단다. 그나마 옆에 나란히 앉지도 못하는 좌석으로 예매했다.

 공연장에 도착했다. 이 층 좌석은 경사가 심해서 조심스럽고 의자도 딱딱해서 불편했다. 대신 앞사람 때문에 시야가 방해되는 것 없이 무대 전체가 한눈에 내려다보였다. 오케스트라를 무대 이 층에 배치해서 시선 정면에서 연주자들의 모습을 볼 수 있는 것도 행운이다. 어둠 속에서 새하얀 팔이 하늘을 향해 춤을 추듯 가볍게 오르나 싶더니 부드러운 피아노 소리가 들려오고 아름다운 바이올린, 첼로의 선율이 그 뒤를 따른다. 가느다란 조명등 불빛이 무대 중앙을 향해 꽂히고 뒤이어 무대가 환하게 밝아졌다.

뮤지컬 《어쩌면 해피엔딩》은 쓸모가 다하여 버려진 구형 로봇 '헬퍼봇'들의 이야기다. 우편배달부 외엔 찾는 사람이 없는 낡은 아파트는 수명이 다할 때만을 기다리고 있는 헬퍼봇들의 아지트다. 구형 헬퍼봇 올리버와 클레어는 이 아파트에서 단순하고 반복적인 일상을 보내며 살아간다. 클레어는 고장 난 충전기 때문에 도움을 청하려고 이웃집 문을 두드리다 올리버를 만난다. 둘은 충전기를 주고받으며 지내다 어느덧 '사랑'이라는 감정을 갖게 된다. 처음으로 사랑을 알게 된 올리버와 클레어는 그저 모든 게 신기하고 행복으로 가득했다. 하지만 둘은 로봇이기에 자신이 어떻게 프로그래밍이 되어있는지, 문제점은 무엇인지, 수명이 얼마나 남았는지 다 알고 있다. 그들의 사랑은 한시적이라는 것, 치명적 결함을 가진 클레어의 시간은 얼마 남지 않은 반면, 올리버에게는 너무 많은 날들이 남아있다는 것을 깨닫는다. 클레어가 사라지고 홀로 남겨질 올리버를 위해, 올리버를 남겨두고 떠나야 하는 클레어를 위해, 둘은 결국 서로를 위해 사랑했던 기억을 없애기로 한다. 그 후 여전히 올리버는 클레어를 돕고 클레어는 올리버의 도움을 자연스럽게 받아들이고 있는 모습으로 공연은 끝났다.

 나는 얼른 자리에서 일어나지 못했다. 끝이 없는 생이란 없다는 건 누구나 잘 알지만, 그 끝을 알고 있다면 진심으로 행복할 수 있을까? 더구나 그게 사랑하는 상대의 끝이라면…. 클레어는 자기를 떠나보내고 혼자 남아 죽어가야 할 올리버의 외로움과 고통에 대해서만 걱정하고, 올리버 역시 자신은 돌볼 겨를도 없이 오직 클레어의 몸이 망가져 가는 것에만 가슴 아파한다. 먼저 떠나야 하는 클레어가 올리버에게 '그만하자'라는 말을 먼저 건넸을 때 올리버가 동의한 이유도 자기 자신을 위한 것이 아니라, 자기를 바라보며 힘들어하는 클레어를 편하게 해주기 위해서였다.
 사랑 이야기는 나이와 상관없이 가슴 설레게 하는 힘이 있나 보다. 공연 내내 청춘들의 사랑 이야기에 가슴 아파하고 마음 졸이면서 시간 가는 줄 몰랐다. 나의 젊은 날의 사랑은 어땠나, 사랑인지 아닌지 알 수 없는 감정으로 누군가를 떠나보내기도 하고 누군가를 만나기도 하고…. 하기야 젊은 날의 피 끓는 사랑만 사랑이던가. 곁에서 말없이 지켜주고 배려해주고 내 편 들어주는 마음들이 다 사랑이지.

그런데 저 둘이 기억을 다 지우긴 한 걸까? 올리버는 기억을 지우지 않았나 보다. 그러니까 극의 마지막까지도 저렇게 최선을 다해 클레어를 도왔겠지. 행복한 기억도 이별의 고통도 없는 이를 혼자서 사랑하고 돌보다니. 사랑하는 이가 행복하기를 바라는 게 사랑이라지만 그래도 사랑한다면 아픔도 같이해야 하는 거 아닌가? 먹먹해진 가슴을 내려놓지 못한 채 느리게 자리에서 일어나 딸과 만났다.

"속상하다, 올리버 불쌍해."

"그치? 근데 엄마, 이 뮤지컬 특징이 결론이 정해져 있지 않은 거래. 배우의 연기나 보는 사람의 상상에 따라서 다르게 보이는 거지. 둘 다 기억을 지우지 않았을 수도 있고, 혹은 클레어만 기억을 지우지 않았을 수도 있는 걸로. 엄마 생각처럼 올리버만 기억을 지우지 않았을 수도 있고."

"아, 그럴 수도 있겠다."

다시 한번 올리버와 클레어의 모습을 되짚어 보았다. 막이 내릴 때까지 그 둘은 사랑을 알기 전처럼 무심한 듯 서로 의지하고 배려하며 지내고 있었다. 둘 중 누가 그들의 시간을 기억하고 있었을까? 혹시 둘 다 자신이 기억하고 있다는 것을 상대방이 알지 못하도록 행동한 건 아닐까? 하긴, 그들의 시간을 누가 기억하고 있는지는 중요한 일이 아닐 수도 있겠다. 중요한 건 둘 다 자신보다는 상대방의 고통에 더 아파했고 자신보다 더 상대방을 사랑했다는 것. 상대의 고통까지도 품은 진정한 사랑 표현이었다는 것. 그러니까 그 길을 택한 그들 둘 다 '어쩌면 해피엔딩'.

문득 배우들에게 생각이 머물렀다. 유명 배우는 아니라지만 고운 목소리에 연기도 훌륭했다. 그런 무대를 만들기 위해 얼마나 고생했을까. 좋아서 하는 일이 하필이면 음악이어서, 하필이면 예술이어서…. 애잔한 마음이 가슴 한 자락을 쓱 훑고 지나간다. 아름다움의 극치는 슬픔이라던 K 선생의 말이 이제야 확 와 닿았다. 어쨌건 꿈을 향해 달려가고 있는 사람은 행복한 사람인 게 틀림없지. 이 길을 택한 배우들도 '어쩌면 해피엔딩'.

물살이처럼

 그간 뮤지컬 공연에서만 활동해왔던 딸이 처음으로 연극에 도전하게 되었다. 딸은 어쩌다 보니 연극을 하게 되었지만 노래와 춤이 있는 뮤지컬과 달리 오로지 배우들의 연기와 대사로만 이어질 것이니 내가 보기에 재미가 덜 할 수도 있을 것 같다고 걱정했다.

 "그게 무슨 소리야. 걱정 마. 나는 내 딸이 아무것도 안 하고 무대를 어슬렁거리기만 해도 재미있을 것 같아."

 말은 그렇게 했지만 사실 좀 걱정이 되긴 했다. 음악이 있는 뮤지컬, 오페라만 주로 찾게 되고 연극에는 도통 관심이 없어서 그동안 연극관람을 해 본 적이 거의 없다. 몇 해 전 우리나라에서 손꼽게 유명한 연극배우의 극을 보러 간 적이 있는데 그 유명세에도 불구하고 그다지 흥미를 갖지 못했다.

 드디어 딸의 연극 공연 날이다. 친구와 같이 공연 관람을 하기로 했다. 막 비가 갠 뒤의 하늘은 맑고 상쾌했다. 오랜만에 휴식을 얻은 듯 마음이 여유로워진다. 잠시 후에 도착한 친구와 공연장으로 들어갔다.

《플라스틱 러브》라는 제목의 극인데, 이 세계의 창조주가 플라스틱 수조 안에 우주를 담아 키운다는 설정이 신선했다.

수조 안 우주에서는 신의 피조물 '물살이'들이 헤엄치고 있다. 그들은 신의 설정값에 따라 무엇이 될지, 누가 될지 결정된다. 그러던 어느 날, 신이 한 물살이에게 푹 빠져버렸다. 사랑이라는 감정을 처음 겪는 신은 당황했고 물살이에게 자신의 사랑을 전하기 위해 시나리오를 만들지만, 누군가의 마음을 얻는데 미숙한 신은 실패를 거듭한다.

그러다 신은 깨닫게 된다. 사랑이란 일방적인 것이 아니라는 것, 아무리 애정을 가지고 있어도 받아들일 준비가 되어있지 않은 사람에겐 한낱 귀찮은 잔소리거나 버거운 참견으로 느껴질 수도 있다는 것을. 그러니까 사랑이란 자신의 감정을 상대에게 강요하거나 통제하는 게 아니라 공존과 배려, 존중하는 마음이라는 것을 깨닫게 된다,

딸은 고등학생과 엄마, 1인 2역을 소화해야 하는 '물살이'였다. 발랄한 학생 역은 그렇다 치더라도 고단한 삶에 찌든

중년 여인의 역할을 넉살 좋게 해냈다.

공연이 끝나고 친구와 저녁도 먹고 차도 마시며 공연 뒤의 여운을 즐기다 집으로 들어왔다.

사실 연극 공연을 하게 되기 얼마 전에 뮤지컬 공연이 예정되어 있었다. 열심히 준비한 딸의 뮤지컬 공연이 한 달 남짓 남았을 때였다. 아침까지도 밝은 얼굴로 연습하러 갔는데, 저녁에 들어온 딸의 얼굴이 칠흑빛으로 변해 있었다.
"무슨 일 있어?"
"응, 공연 취소됐어. 어떻게든 공연은 올려보려고 했지만 어쩔 수 없었어."
전날까지 열심히 연습했는데 갑자기 취소라니. 그것도 연출진들의 일방적인 통보였단다. 그동안 공연 팀원들 간의 의견충돌로 마음고생을 많이 하면서도 극을 끌어가기 위해 딸이 얼마나 애를 썼는지 잘 알고 있던 나는 황당했다.
딸은 이 일로 사람에 대한 상처를 많이 받아서 공연을 계속해야 하는지에 대한 회의까지 했다. 딸을 아끼는 친구들은 딸에게 당분간 공연은 잊고 쉬라고 했단다. 딸도 다시 시작할 용기가 나지 않는다고 했다. 나도 할 말이 없어 그저 딸의 말을 들어주기만 했다.

다음날 풀이 죽어있는 딸에게 무슨 말이든 해야 할 것 같아서 이런저런 이야기를 주절거렸다. '지금 이대로 쉬면 언짢은 기분에서 계속 머물게 될 거니까 얼른 다른 공연 알아보는 게 좋을 것 같다.', '상처를 준 사람 때문에 사랑하는 것을 멈추거나 포기한다는 건 말이 안 된다.', '앞으로 더 나쁜 사람을 만날 수도 있는데 그때마다 포기할 수는 없는 거다.' 대충 이런 말들이었던 것 같다.

나의 말에 공감한 것일까? 한결 밝아진 딸은 며칠 뒤 가장 빠르게 무대에 올라갈 수 있는 공연을 찾아 오디션을 봤다. 그런데 이번엔 연극 공연이란다. 한 번도 생각해 보지 않은 연극 공연 도전이라니. 빨리 기분 전환하고 싶은 마음에 장르도 구분하지 않은 건가? 다른 때에 비해 열정도 부족했고 연습 시간도 부족했을 터인데 다행히 오디션에 합격했다. 연습이 시작되고 하루하루 지나면서 딸의 얼굴에 생기가 돌기 시작했다. 이전 경험으로 인한 상처가 깊었던 탓인지 딸은 연습이 무르익어가고 공연 날이 가까워 오는데 누구에게 알리는 것조차 조심스러워했다. 다행히 무사히 공연이 시작되었고 그간의 걱정이 무색할 만큼 무대 위 딸의 모습은 행복하고 빛나 보였다.

  딸은 마지막 회차 공연을 마치고 밤늦게 두 손 가득 꽃다발과 케이크를 들고 집으로 들어왔다.

"배우님, 어서 오세요."

나의 넉살에 딸은 함박웃음으로 대답한다.

"배우 어머님, 배우 딸 공연 잘 마치고 왔습니당."

손에 든 케이크 상자를 식탁에 놓으며 딸이 말한다.

"야식 같이 먹어 줄 사람~~."

"저요!"

  나는 손을 번쩍 들었다. 공연하느라 밥도 제대로 먹지 못하고 온 딸이 야식 먹자는데 나야 무조건 오케이다. 밤 12시가 넘도록 케이크를 먹으며 딸과 공연 이야기로 수다를 떨었다.

"엄마, 고마워."

"뭐가?"

"계속하라고 말해줘서. 상처받아도 쉬지 말고 내가 사랑하는 일 계속하라고 말해줬잖아."

  딸은 지난번 내가 해줬던 말을 그대로 간직하고 있었던 것 같다.

"이번 공연은 순전히 엄마 덕이야. 엄마 아니었으면 정말 난 오래도록 힘들었을 것 같아. 공연하면서 내가 공연을 해야 하는 사람이라는 게 더욱 느껴지더라. 연극에 관심 없던 내가 아무 생각 없이 덤빈 거였는데, 이번 기회에 연극에 대해서 많이 알게 되었네. 덕분에 연극도 사랑하게 된 것 같아."

"그래. 애썼다. 내가 내 딸을 알지. 그나저나 사랑하는 게 하나 더 늘었네."

덩달아 나까지 연극에 관심이 생겼으니, 딸 덕분에 나도 사랑하는 게 늘은 셈이다.

딸은 그 이후로도 지금까지, 계속해서 연극을 하고 있다. 그러고 보니 연극 《플라스틱 러브》에서 말하고 싶었던 게 사랑의 지속성인 것 같다. 좌절하고 또 좌절해도 그 사랑을 거두지 않고 지키기 위해 노력한다면 결국 사랑은 여러 가지 형태로 다시 찾아온다는 걸. 형태를 바꾸며 자유롭게 헤엄쳐서 신을 만나러 오는 물살이처럼.

아름답고 약하고 아프고 덧없고 슬픈

 딸이 쓴 희곡 《낯선 연인》이 연극 공모전에 당선되어 공연을 올리게 되었다. 대학 수업 때 과제물로 냈던 소설을 희곡으로 각색했단다. 딸은 공연팀의 총 책임자이자, 작가 겸 연출가가 되었다. 그간 배우로만 공연에 참여했을 뿐, 연출 경험은 전혀 없던 딸의 새로운 도전이다. 글쓰기를 좋아하는 딸이 희곡을 쓴 건 그러려니 했지만, 연출은 공연 전부를 책임지는 일인데 과연 가능할까 싶었다. 하지만 딸은 배우 오디션과 스태프 섭외 등 준비 작업을 차곡차곡 해 나가기 시작했다. 그 후 수개월 동안 배우, 스태프들과 함께 평일 저녁과 주말을 반납했다.

 그동안 배우로 무대에 서 있는 딸을 보는 재미가 쏠쏠했는데 이번 공연은 무대에서는 딸을 볼 수 없다. 그렇지만 책임자로서의 수고가 느껴져 오히려 그 이전보다 더 마음이 쓰였다. 내가 할 수 있는 건 진심으로 응원하는 일뿐이다.

다른 때와 달리 주변 모든 지인들에게 공연을 알렸다. 딸의 공연에 관심을 가지고 찾아주는 지인들을 만나기 위해 총 아홉 번의 공연 중 네 번을 보게 되었다.

공연 시작 전 객석에 앉았다. 딸이 직접 출연하는 공연보다도 더 떨린다. 드디어 공연 시작을 알리는 안내 멘트와 함께 무대가 밝아졌다.

극중 배경은 인간관계에 대한 기억이 점점 사라지는 '관계망각증'이라는 병이 창궐한 세상이다. 이 병에 걸리면 기존에 알고 있던 사람들에 대한 기억이 점점 사라지고 모든 기억이 사라지면 종국에는 소멸하게 된다. 소멸하지 않으려면 새로운 사람을 찾아서 사라진 기억의 자리에 채워 넣어야 한다. 급기야 새로운 사람들과의 관계를 이어주는 보험회사가 생겨나고 '은영'은 그 회사 직원으로 일한다. 은영이 일을 위해 고군분투하는 사이 오랫동안 홀로 남겨졌던 은영의 엄마는 소멸하고, 회의감이 든 은영은 생존을 위해 무의미한 인간관계를 맺는 일을 멈춘다.
엄마의 흔적을 들고 납골당에 온 은영은 그곳에서 '인호'

를 만난다. 인호는 모두가 잊고 사라진 누군가를 기억하기 위해, 아무도 사지 않는 인물 사진을 찍는 사진작가다. 서로 진실된 대화를 나누던 은영과 인호는 사랑에 빠진다. 둘이 행복한 시간을 보내다 문득 인호는 은영이 엄마의 기억을 잃은 것을 알게 된다. 둘과 보내는 시간이 많아질수록 은영의 소멸이 빨라질 것을 인식한 인호는 은영과 거리를 둔다. 하지만 은영은 오직 인호만 생각할 뿐이다.

어느 날 시간이 많이 남지 않음을 깨달은 은영이 인호를 찾아온다. 서로의 진심을 확인하며 둘은 함께 시간을 보내고 인호가 잠든 사이 은영은 소멸한다. 사랑했던 사람의 얼굴을 마지막 기억으로 간직한 채. 잠에서 깬 인호는 은영의 온기라도 붙잡고 싶어 오래도록 그 자리에 머물러있다.

인호는 갤러리를 열고 은영의 사진을 전시한다.

연극은 인호의 전시회를 찾아온 기자 '지윤'이 인호를 취재하면서 은영의 이야기를 듣는 형식으로 진행되었다.

연극을 보면서, 이제껏 살아오며 수없이 많은 사람을 만났지만 지금 내 옆에 남아있는 사람은 몇 되지 않는다는데 생각이 미쳤다. 꽤 긴 시간 함께 했는데도 불구하고 서로의 무심함 때문에 관계가 끊어진 친구들도 아스라이 스쳐 간다. 나의 기억 속에서 사라진 누군가, 누군가의 기억 속에서 사라진 나. 세상 속에는 존재하고 있을지라도 누군가에게 잊혀졌다면 이미 그에게는 소멸된 존재임이 틀림없다. 모두를 기억하거나 모두에게 기억될 수는 없지만, 소중한 사람을 잃지는 않아야 할 텐데.

사회는 더 복잡해지고 세분화되어 한 사람의 존재는 미약해지고 파편화되고 있다. 이런 사회에서 소멸되지 않으려는 발버둥일까? 실생활에서의 만남으로는 부족함을 느끼는 탓인지 가상공간의 만남이 일상화되어있는 요즈음이다. 사람들은 가상공간 안에서 끊임없이 자기를 보여주고 가상 친구들과의 인맥을 과시한다. 이렇게 관계를 이어가기 위해 애쓰지만 정작 자신의 진짜 모습을 드러내지는 않는다. 아니 드러내기를 두려워한다. 어쩌면 우리야말로 관계망각증에 걸려있는지도 모르겠다. 소멸이 두려워 진실과 관계없이 더 많은 사람들로 주변을 가득 채워놓아야 하는.

은영이는 어떤 사람이었느냐는 기자의 질문에 인호는 '빛'이었다고 대답한다. 빛이 없다면 어떤 카메라도 사진을 찍을 수 없다고. 문득 나를 돌아본다. 나는 어떤 사람일까. 어떤 사람이어야 할까. 어느 한순간이라도 누군가에게 빛이었던 적이 있었을까. 은영에 대한 마음을 적어 놓은 인호의 메모가 기억에 남는다.

> 마지막 기억을 안고 낯선 세계로 떠난 사람. 아마도 나의 얼굴을 가지고 떠났을 사람. 그러니 내가 뒤따라갈 낯선 세계 역시, 온통 너의 얼굴이기를.

은영이가 인호에 대해 하는 말에는 마음이 아프면서도 따스해진다.

> 아름답고, 약하고, 아프고, 덧없고, 슬픈,
> 사라져가는 모든 것을 사랑하는 사람

모든 장면이 끝났다. 잠시 침묵 속의 어둠이 흐른 후, 조명이 한 곳에 내리꽂혔다. 불빛 아래 카메라만 덩그러니 남아있다. 가난한 예술가였던 인호도 끝내 소멸되고 말았나? 은영이가 있는, 낯설지만 더이상 낯설지 않은 세계로.
아! 빛이다. 카메라를 향해 내려오는 빛. 빛이 카메라를 살

리듯, 나를 살게 하는 빛은 무엇인가 하는, 나를 향한 질문.

  딸이 글을 쓰고 연출했다지만 네 번이나 공연을 보는 건 무리가 아닐까 했는데 아니었다. 매회 새롭게 느껴지는 감동이 나를 설레게 했다. 모든 게 새파랗게 아름다웠을 이십대의 딸이 관계망각에 대해 생각했다는 게 놀라웠고, 배우들의 연기도 훌륭해서 연기라기보다 그냥 진짜 그 인물들의 모습을 보는 듯했다. 사랑하는 사람과 함께 있을 때의 행복한 미소를 보며 같이 웃음 짓고 이별을 두려워하는 이슬 맺힌 눈망울에 같이 울었다.

  하기야 어느 누가 사람과 관계 맺음 없이 혼자 살아갈 수 있을까. 아무리 각박해진 세상이라지만 아직 우린 서로가 서로에게 빛이 되어주고 있을지도 모르겠다. 누군가를 살고 싶게 하는, 누군가를 살아가게 하는 빛.

고추장 퍼먹으며 운다고

성악을 배워온 교육원에서 열리는 연주회 날이다. 나를 포함한 아카데미 회원들이 한 학기동안 배웠던 곡을 청중들 앞에서 선보이는, 내게는 꽤 중요한 행사다. 연주복과 악보가 든 가방을 잘 챙겨들고 집을 나섰다. 연주회장으로 들어서자 무대에서 리허설을 하고 있는 연주자들이 먼저 눈에 들어왔다. 무대 아래에는 순서를 기다리는 연주자들이 각자 막바지 연습을 하느라 여념 없다. 꼬마 아이들 둘이서 호기심 어린 눈길로 이곳저곳을 돌아다니다 제 엄마에게로 가서 재롱을 부린다. 아이들 엄마의 차림새를 보니, 오늘 연주자인 것 같다. 친정엄마인 듯한 할머니가 아이들을 챙겨주고 남편도 옆에서 같이 거들고 있다. 저 친구는 무슨 악기를 연주하나? 아이들 머리를 쓰다듬으며 남편에게 뭐라 소곤대고 있는 모습이 사랑스럽다. 자리에 앉아 가방을 열고 반주자에게 줄 악보를 꺼내려는데 이런, 악보가 하나

밖에 없다. 따로 챙겨두었던 반주자용 악보를 가져오지 않은 것이다. 어쩔 수 없이 내 악보에 부랴부랴 반주에 필요한 메모를 써넣은 뒤 반주자에게 주었다. 손안에 악보가 없다 싶으니 왠지 불안하다. 분명히 가사도 잘 외워놨고 악보 볼 필요가 없는데도 말이다.

내 리허설 차례가 되어 무대에 올라가는데 갑자기 멀쩡하던 두 다리가 덜덜 떨린다. 또 긴장이다. 대학 입시도 아니고, 못한다고 누가 뭐랄 사람도 없는데. 이제 연주회에는 이골이 날 만도 하련만 매번 '처음처럼'이다. 마음을 다잡으려 애쓰며 반주자에게 눈길을 주었다. 피아노 전주가 흐르고 반주에 맞춰 노래를 부르기 시작했다. 그런데 가사가 얼른 나오지 않아 몇 번을 얼버무리며 겨우 노래를 마쳤다. 리허설 무대는 완전 실패, 걱정이 태산이다.

사실 이번 연주는 곡을 정하는 것이 늦어져서 연습시간이 짧긴 했다. 뮤지컬《레미제라블》에 나온 수록곡인 이번 연주곡은 가사가 많은데다가 비슷한 선율이 계속 흐르면서 감정선만 달라지는 곡이다. 가사를 다 외운 뒤에도 계속 헷갈리고 도무지 입에 붙지를 않았다. 한국 가곡은 아무래도 우리말이어서 외우기는 쉬웠는데, 대신 고음처리가 관건이다. 가사 걱정에 고음 걱정. 연주 준비를 하다 보면 항상 이런저런 걱정이 생기지만 이번 연주는 정말 걱정덩어리였다. 결국 마지막 레슨에서조차 완벽하게 가사를 붙여 노래하지 못하고 고음 처리도 부자연스러운 상태로 마쳐야 했다. 하지만 어쨌거나 한 학기 동안 배운 만큼 발전했고, 그만큼 보람 있는 시간이었으니까 그것으로 만족하기로 했다. 준비가 완벽하지 못했다 싶으니 아무래도 긴장이 더 되는 듯하다. 그래도 연주까지 남은 시간 동안 열심히 가사를 외우고 이미지 트레이닝을 수도 없이 했는데.

연주가 시작되었다. 젊은 친구들도 있지만 내 또래의 연주자들이 많다. 보면대를 세우고 악보를 보면서 연주하는 것이 하나도 문제 되어 보이지 않는다. 악보를 보든 외워서 하든 다들 열심히 연습해서 최선을 다해 연주하고 있다. 괜스레 마음고생 하지 말고 나도 악보 보고 할 걸. 불안해도 오늘은 악보가 없어서 그냥 해야 한다. 아니, 악보가 있었어도 악보를 보고 하기엔 내가 너무나 열심히 가사를 외우지 않았나. 나도 내년부터는 처음부터 아예 보면대 세우고 할 생각해야겠다. 보는 사람 불안하게 위태롭게 노래하는 것보다야 악보 보면서 하는 게 낫지. 사실 악보를 보지 않고 연주하는 것이 감성 표현을 하는데 더 좋을 수밖에 없다. 그게 관객들에 대한 최소한의 예의라는 게 그동안의 내 생각이었고, 나의 자존심이기도 했다. 하지만 어쩌겠나. 나이 인정, 현실 인정이다.

아까 보았던 아이들 엄마가 피아노 앞에 앉았다. 연주가 시작되었다. 저 친구는 자기가 할 수 있는 최대치의 연주를 하고 있다. 손끝에서 나오는 터치가 아주 맑고 깔끔하다. 좋은 선생에게 잘 배운 솜씨다. 다음에 이어진 앙상블은 교수와 제자들이 함께 하는 연주다, 사제 간에 눈빛을 교환해 가며 연주하는 모습이 참 다정스럽다. 그 뒤로 플룻과 첼로, 바이올린 등 여러 연주자들의 연주가 이어졌다. 하지만 나는 다른 사람들 연주에 집중할 수가 없었다. 연주를 들으면서도 내 연주 걱정에 머릿속으로는 끊임없이 가사를 외웠다.

드디어 내 차례가 되었다. 리허설 무대보다 편해지긴 했지만 여전히 긴장해서 정신이 없는데 다행스럽게도 가사가 입에서 잘 나가고 있다. 관람석에서 사진을 찍고 있던 딸이 첫 노래가 끝날 즈음 엄지손가락을 치켜세워 보인다. 이제껏 내 연주는 다 와서 봐주고 칭찬해주는 고마운 딸이다.

고음 걱정이던 한국 가곡도 무난하게 마쳤다. 사실 긴장하며 하는 연주가 잘했을 리 없지만 가사 틀리지 않고 음 이탈 안 했으면 됐지. 이만하면 만족이다. 아마추어의 특권이다.

연주회가 끝났다. 긴장감은 어느새 다 사라지고 그간 준비하며 애썼던 생각이 스친다. 무대 서는 건 정말 싫고 힘이 드는데, 고추장 퍼먹으며 운다고 난 왜 이렇게 '사서 고생'을 하며 사나. 편하게 살아도 누가 뭐랄 사람 없는데. 사람들이 삼삼오오 자기 식구들이나 친구들을 챙기며 사진을 찍고 활짝 웃고 있다. 열심히 준비한 수고를 귀하게 여겨주고 약간의 서투름도 이해해 주는 사람들과 함께한 자리다. 나도 사람들 틈에서 딸과 같이 사진을 찍었다.
"멋진 우리 엄마, 배고프겠다. 저녁 먹으러 가자. 뭐 먹을까?"
"음, 맛난 거 먹자."
나는 딸의 손을 꼭 잡고 연주회장을 나섰다.
그나저나, 내년에도 악보 없이 연주해야 할까? 누가 시키지도 않는데, 미리부터 하는 걱정이다.

아르테(Arte)

취침용으로 대충 틀어놓은 인문학 강의에서 '아르테(Arte 탁월함)를 추구해야 한다'는 말이 비몽사몽 중 귀에 꽂힌다. 각자의 삶에서 최선을 다해 최고를 향해 나아가라는 의미란다. 외면이 아니라 내면의 아름다움을 추구하는 것이고, 나의 과거와 비교해서 더 나은 나를 만들어 가야 한다는 것이다.

코로나19로 모든 일정들이 연기되거나 취소되는 와중이다. 노래 수업도 한 달이 더 지나서야 겨우 시작했다. 며칠 전 레슨이 끝나고 나오다 주임 교수를 만났다.
"교수님 안녕하세요? 이번 학기엔 연주는 어렵겠지요?"
"아, 미처 말씀 못 드렸네요. 이번엔 학기는 일정 채우기도 버겁고 사람들 모이는 일도 망설여져서 그냥 지나려고 했는데 다들 하자네요. 연주를 해야 한 학기 동안 고생한 보람이 있고, 자기의 성장을 되돌아볼 수 있다고. 그래서 손님 초대는 가급적 줄이기로 하고 연주는 하기로 했어요."

"힘들긴 하지만 연주를 하면 많이 늘긴 하죠. 그런데 연주일은 언제에요?"

"3주 후에요. 건물 리모델링 때문에 시간을 늦출 수가 없었어요."

어쩐담, 시간이 너무 짧다. 포기해야 하나? 망설이고 있는 나에게 주임 교수가 한마디를 더한다.

"부담스러우면 안 하셔도 되지만, 웬만하면 하시게요. 악보 보고 하셔도 되니까."

악보 보고 한다면 못할 것도 없겠다 싶긴 한데…. 나는 마음을 정하지 못한 채 옆에 서 계시던 성악 선생께 여쭈었다.

"그런데, 곡은 뭐로 하죠?"

"Da Tempeste~하고 Piangero~ 하면 될 것 같은데요?"

헨델(George Frideric Ha"ndel,1685~1759)이 작곡한 오페라 《율리어스 시저(Julius Caesar)》 중 클레오파트라의 아리아다.

"어렵지 않을까요? 게다가 너무 길고…."

"그렇긴 한데, 충분히 하실 수 있어요."

"그런가요? 그럼 해볼게요."

집에 돌아오자마자 악보를 펼쳤다. 이게 대체 몇 장이람. 곡 하나가 일곱 장? 피아노 반주도 화려해서 반주자와 호흡 맞추는 것도 쉽지 않겠다. 일단 오페라 전체의 줄거리와 역사적 배경부터 찾아봐야겠다. 노래의 감성을 잘 표현하기 위해서는 아무래도 곡 전체의 배경과 분위기를 아는 게 좋을 테니까. ⟨Da Tempeste il ligno(폭풍으로 배가 깨지면)⟩는 죽은 줄 알았던 시저가 살아있다는 것을 안 클레오파트라가 기쁨에 차서 부르는 노래이고 ⟨Piangero la sorte mia(내 운명을 슬퍼하지 않으리)⟩는 프토로미에 잡혀 투옥된 클레오파트라가 자신의 고통을 신께 호소하는 노래다. 노래의 내용도 난이도도 가볍지 않다. 이걸 내가 해낼 수 있을까? 하기야 어떤 연주인들 쉬운 적이 있었나. 일단 가사를 외워야겠다. 밀어 두었던 악보를 당겨왔다. 하다 못하면 어쩔 수 없지만 그래도 시도는 해야지.

정해진 날짜는 빨리도 찾아온다. 어느새 연주 날이 되었다. 아침 일찍부터 머리 손질하랴, 아직까지도 헷갈리고 있는 가사와 가락 익히랴 정신없다. 공연장까지 거리가 멀어서 서둘러야 하는 것도 부담이다. 리허설 시간보다 조금 일찍 반주자와 만나서 맞추기 어려운 부분을 체크했다.

나는 내 걱정을 농담에 섞어 반주자에게 말했다.

"혹시 내가 제때 치고 들어가지 못하면 그땐 멈추지 말고 그냥 가세요. 반주가 워낙 멋있어서 사람들이 피아노 솔로 부분이겠거니 할 거예요."

리허설이 시작되었다. 아침부터 종종거리느라 피곤했던지 고음 처리가 버겁다. 본 연주에서는 힘을 내야 할 텐데….

시간이 되어 무대에 섰다. 피아노 전주가 흐르고 나의 노래가 시작되었다. 그런데 부드럽게 나가야 할 첫 음이 목을 긁으며 거친 소리가 나는 게 아닌가. 뭐지? 나는 순간 당황해서 머리가 하얘졌다. 피아노 반주는 계속 이어지고…, 내 머리는 수세미가 되어 엉키고 속은 시커멓게 타들어 가는데 내 입은 기를 쓰고 소리를 내고 있다. 몇 소절이 그렇게 지나고 나서야 정신이 들었다. 그 후로도 한두 번의 위기를 넘기며 겨우 노래를 마쳤다. 중간에 멈추지는 않은 게 그나마 다행이다. 하지만 어쩌랴, 어쨌거나 애썼고 그것으로 충분하다고 나를 위로하며 마음을 추슬렀다.

"엄마, 잘했어. 짱, 짱."

일찌감치 공연장에 와서 나를 봐 준 딸이 엄지까지 치켜세우며 칭찬을 한다.

"이궁, 엄마 인생 최악 연주인 거 다 알면서."

"사실 노래 시작하자마자 엄마 동공이 마구 흔들리는데, 내 간이 다 녹는 줄 알았어. 근데 그건 나만 알지 다른 사람들은 몰랐을 거야. 다행히 금방 안정되면서 잘 찾아가더라고. 위기 대처 능력 대단해. 영상 찍은 거 엄마 폰으로 보냈으니까 봐봐. 괜찮았어. 정말이야. 우리 엄마 애썼으니까 이제 맛있는 거 먹으러 가자."

쥐구멍이라도 들어가고 싶을 만큼 망친 게 분명한데도 딸의 말이 위로가 된다. 어느새 연주는 잊어버리고 딸과 수다를 떨며 저녁 식사를 마치고 자리에서 일어났다.

그런데, 딸이 녹음해 준 연주 동영상을 볼 용기가 선뜻 나질 않는다. 내가 나를 위로하고 괜찮다고 하는 거야 내 마음이지만 증거로 남은 실수를 다시 봐야 하는 민망함은 어쩌나. 집에 돌아온 뒤에도 핸드폰을 만지작거리며 한참을 망설였다. 그렇다고 안 볼 수도 없고…, 마음을 다잡고 영상을 틀었다. 어라? 완전 망했다고 생각했던 도입부도 그런대로 봐줄만하고 가사와 가락도 크게 어긋나지 않았다. 애써 잘 익혀 놓았던 것이 제값을 했구나. 정신줄 놓은 내 머리와 달리 입이 혼자서 고생했다.

　한결 편해진 마음으로 영상을 다시 돌렸다. 어쨌거나 지난 학기에 비해 한 걸음 성장했다. 결과만 본다면 아쉬움이야 많지만, 어차피 완벽하지 못했을 텐데 조금 더 잘 했다고 아쉬움이 없을까. 내가 대단한 음악가가 되겠다는 것도 아니고, 그저 곡을 완성해가면서 부족한 부분을 조금씩 채워가는 과정이 좋아서 계속하고 있을 뿐인 걸. 노래를 통해 막연히 알던 역사 이야기에서 사람의 숨결을 느끼고 그들의 삶 한 가닥이나마 이해해보려는 시간을 가져 본 것도 또 하나의 나를 발전시킨 셈이지 싶고.

　언제까지 노래할 수 있을지 알 수 없지만, 그만둬야 할 날이 생각보다 빨리 올 수도 있겠다 싶지만, 그날까지 나의 최선을 다해 나만의 최고를 만들어 가는 것. 나의 아르테(Arte)!

라비앙

성악 선생께서 새 악보를 주셨다.
"프랑스 노래는 처음이지요?"
"네."
선생은 가사를 읽어 주면서 발음을 하는데 필요한 설명을 해 주신다.
"발음 기호에 있는 꼬랑지 모양은 비음을 섞으세요."
"입모양은 '오'로 하고 발음은 '으'고요"
집에 와서 악보를 펴고 녹음해 둔 것을 틀어 선생이 가르쳐준 발음을 듣고 따라해 보았다. 영어, 이태리어, 독일어 노래들은 뜻은 몰라도 어느 정도 발음이 예측이 되었는데 프랑스어는 자음 묵음이 많고 모음도 변화가 많은 것 같고, 정말 예측이 안 된다. 어쩔 수 없이 가사 아래에다 선생이 불러주는 발음을 받아 적었다. 그러고 보니 이제껏 이렇게 가사 발음을 우리말로 전부 적어 본 건 처음이다. 그 나라

고유의 발음을 우리말로 적는다는 건 사실 불가능한 일인 데다 더디더라도 그 나라 언어를 직접 보면서 발음을 해야 좀더 정확하게 익힐 수 있을 거라 생각해서다. 부득이 표시해야 할 때도 발음 기호로 적어두곤 했다. 그러니까 이런 사소한 일에서조차 자존심을 세우고 살았나 보다.

 핸드폰으로 유튜브를 열어 노래를 찾았다. 노래의 가락이 범상치 않다. 비음이 섞인 부드럽고 감미로운 소리가 가락에 섞여 가슴을 울린다. 프랑스어에 딱 맞는 것 같은 게 역시 그 나라 언어에는 그 나라 곡이 제일 잘 어울리는 것 같다. 그런데 이런 소리가 비음 섞인 소리인가? 선생이 말해 주셨던 비음을 생각하면서 가락을 따라가며 노래를 들었다. 무슨 소리인지 도무지 들리지 않는 와중에 낯익은 단어가 연거푸 들린다. '라비앙, 라비앙~'. 라비앙이라고? 불현듯 전주에서 살던 시절 한때 자주 들렀던 음악 카페 '라비앙 로즈'가 떠오른다. '라비앙 로즈' 뜻이 장미빛 인생이라 했지. 프랑스 가수 에디뜨 피아프의 노래 제목이기도 하고.

 이십 대 내내 술집 한 번 가 본 적 없이, 그렇다고 특별히 기억에 남을 만큼 재미있는 일이 있었던 것도 아닌 채, 그저 그렇게 나의 젊음은 지나가 버렸다. 친구들과 여행을 간다던가 하는 것은 언감생심, 해 떨어지기 전에 집에 들어가지 않는 걸 상상할 수 없을 만큼 엄격했던 집안 분위기에서 나의 활동 반경은 고작 학교와 집, 교회만 오가는 트라이앵글이었으니까. 거기에 대학원 졸업장도 받기 전에 결혼했으니.

그렇게 살던 내가 마흔 살을 넘긴 나이에 처음으로 친구들과 가게 된 술집이 음악 카페 라비앙 로즈다. 카페 사장이 재즈 기타리스트에 피아니스트로 활동했던 사람이라 음악에 대한 조예가 매우 깊었다. 우린 카페 사장의 멋진 피아노 반주에 반해 너나 할 것 없이 무대로 나가 노래를 부르곤 했다. 망설이던 나도 어느 날부터 무대에 올라갔다. 대부분 저녁 식사 후인 데다 안주를 잔뜩 먹으며 수다를 떨다 부르는 노래라 잘했을 리 없지만, 화려한 피아노 선율과 친구들의 응원에 노래 솜씨가 부족한 건 문제가 되지 않았다. 가볍게 술을 나누며 어울리는 즐거움을 그때 처음 알았다. 몇 달 못 가 시들해져서 그만두었지만, 그 문화 충격과 즐거웠던 감정은 지금껏 좋은 추억으로 남아있다. 지금도 그때 함께 했던 친구들과 만나면 당시 일들이 수다거리로 오르곤 한다. 특히, 술 한 방울도 못 마셔봤다는 내가 친구들에 비해 더하면 더했지 밀리지 않는 주량을 보여준 일은 빠지지 않고 등장이다. 무슨 일이든 알아야 욕심도 생기고 욕망도 생기는 거여서, 전혀 알지 못했던 세상에 대해 나는 결핍을 느끼지도 못했다. 시간이 한참 지난 후 사람들이 젊은 날의 추억을 나누며 까르륵 거릴 때에야 내가 무언가 놓치고 살았나 싶은 생각을 하긴 했다. 그러니까 나조차 알 수 없었던 나의 젊은 날에 해보지 못한 것에 대한 미련 혹은 환상을 그때 그 친구들과 함께한 것으로 치유를 했는지도 모르겠다.

사전에서 '라비앙'의 뜻을 찾아보았다. Reviens, Reviens, 돌아와요, 돌아와요. 어라, 인생이 아니라고? 알고 있는 것을 확인해보는 의미로 찾아본 단어가 내가 예상했던 것과 전혀 다르다. 사전을 다시 열어 라비앙 로즈의 철자를 찾았다. 아, La Vie en Rose. 그러니까 전혀 비슷하지 않은 두 단어, '로'와 '르'의 중간 어디쯤으로 소리를 내야 하는 Reviens 과는 발음도 전혀 다른 두 단어를 혼동한 거다. 추억을 당겨오는데 무지가 한몫했다. 끊임없이 새로운 지식이 넘쳐나고 아는 것이 권력이 되는 세상이라지만 모른다는 게 항상 나쁜 건 아닌 것 같다. 프랑스어를 잘 알았다면 닿지 않았을 추억을 꺼내 들고 지금에 비하면 많이 젊었던 내 사십 대를 돌아볼 수 있었으니까. 사실 돌이켜 보면 나의 사십 대 역시 놓치고 지나간 게 많은 것 같다. 조금은 더 나의 젊었던 시간을 더 화려한 장밋빛으로 채우기 위해 노력했어야 했나. Reviens, Reviens, 애타게 불러도 돌아올 수 없는 것이 인생인데. 하기야 지나간 시간에 아쉬움이 없는 인생이 얼마나 있을까. 그땐 그 나름의 최선이었던 게지. 어쩌면 다시 돌아올 수 없는 인생의 순간순간을 나름의 장밋빛으로 채워나가는 것이 삶인지도 모르겠다.

내 시간 속의 발라드*

  무심히 켠 라디오에서 쇼팽의 '발라드'가 들린다. 쇼팽의 곡은 서정적이며 애절하다. 화려하면서도 섬세함을 고루 갖춘 그의 음악을 들을 때면, 후대 사람들이 그를 '피아노의 시인'이라 말하는 이유를 알 듯하다. 아름다운 선율은 나를 열심히 피아노 치던 때로 돌아가게 했다. 여러 작곡가들의 곡들 중 특히 쇼팽의 음악을 좋아했던 나는 피아노를 배울 때 쇼팽의 곡을 칠 수 있게 될 날을 설레는 마음으로 기다렸다. 그러다가 드디어 쇼팽의 발라드가 담긴 피아노 책을 사던 날, 너무 기뻐서 누가 채어 갈세라 책을 두 팔에 꼭 안아 쥐고 서둘러 집으로 돌아왔다. 새하얀 표지에 'CHOPIN'이라 적혀있던 까만 활자도 사랑스러워 손가락으로 철자를 따라 그려보며 행복해했다.

---

* 발라드(Ballades)란: 서사시에 부드러운 선율을 붙인 가곡을 말한다. 악상과 형식이 자유롭기 때문에 노래를 듣는 듯하다. 19세기에는 대부분 피아노 소곡으로 만들어졌는데, 우리에게 잘 알려진 발라드 곡 작곡자는 쇼팽, 브람스가 있다.

수학을 전공하고 대학에서 강의를 하면서도 음악을 좋아하고 가까이했던 나는 시간이 흐른 뒤, 음악을 좀더 공부하기 위해 2년제 음악대학에 들어갔다. 2학년 2학기 졸업 연주곡으로 쇼팽 발라드를 하게 되었다. 사실 나는 남들 앞에서는 글 한 줄만 읽으려 해도 얼굴이 화끈거리고 숨이 가빠지는 지독한 무대공포증이 있는 사람이다. 오랫동안 피아노를 쳐왔기에 제법 실력도 있었고 음악성도 부족하지 않은데 늘 긴장감 때문에 만족스런 연주를 하지 못했다. 하지만 졸업연주만큼은 어느 때보다도 잘하고 싶었다. 연주를 위해 매일 몇 시간씩 매달려 연습했다. 그것은 음악에 대한 열정이라기보다는 무대의 두려움 때문이었다.

　연주회 날, 마지막 연주자였던 나는 멋진 자태로 서 있는 그랜드 피아노에 다가갔다. 드디어 연주가 시작되었다. 웬만한 사람들은 처음에 긴장하다가도 시간이 좀 지나면 편해진다는데 나의 경우는 달랐다. 시간이 갈수록 불편함이 더 심해졌다. 페달 위에 올려진 발은 덜그덕 덜그덕 저 혼자 밟아대느라 정신이 없고 검은 건반이 위인지 흰 건반이 위인지도 분간이 가지 않을 만큼 건반들은 눈앞에서 어지럽게 흔들렸다. 건반 위의 손가락은 보이지 않을 정도로 빠르게 움직이고 있는데 나의 새가슴이 쿵쿵거리는 소리가 너무 커서 내가 치고 있는 피아노 소리가 들리지 않을 지경이 되었다. 브레이크고 장난 자동차처럼 내달리고 있는 내 손가락과 심장 박동 소리가 뒤엉킨 나의 연주는 클라이막스에 가서 여지없이 곤두박질치고 말았다. 열심히 준비했던 나의 졸업 연주회는 그렇게 끝이 났다. 그동안의 수고가 다 무너진 것 같아 내 얼굴은 흙빛이 됐는데 사람들은 잘 쳤다고 칭찬해 주었다. 정말로 내 피아노 소리가 다른 사람들에겐 그런대로 괜찮게 들렸을까? 뒤돌아보면 얼굴 붉혀지지만 최선을 다했던 시간이었다. 내친걸음에 공부를 더 할까 고민하다 멈추기로 했다. 내가 음악 애호가로서는 훌륭하다 칭찬받을 수 있겠지만 전문가로서의 기대치와 책임을 감당하기에는 부족한 사람이라는 것을 잘 알았기 때문이다. 수학 석사 백수인 내가 또 하나의 학위 꼬리표를 갖는 것보다는, 그냥 '피아노 잘 치는 수학 전공자'로 남는 게 나을 것 같았다.

 한 곡을 무대에 올려서 연주하기까지는 여러 달이 걸린다. 그것도 꽤 열심히 해야 작곡가가 원하는 느낌을 흉내라도 내보는 정도다. 학교에 들어가지 않았을 때도 피아노는 항상 가까이하고 있었기에 어느 정도는 전문 음악인의 수고를 잘 알고 있다고 생각했다. 하지만 내가 생각했던 것보다 훨씬 더 많은 연습이 필요했다. 음악을 좋아하는 건 맞지만 한 학기에 한 번씩 연주해야 하는 것이 너무 힘들어 몇 번이나 그만둘까 고민했다. 그때마다 나를 붙든 것은 좋아서 선택한 일조차 견디지 못한다면 남은 일생 동안 어떤 일도 새롭게 도전할 수 없을 거라는 생각 때문이었다.

 연주를 마치고 나면 한동안은 그 곡을 다시 연습해 보고 싶은 생각이 들지 않는다. 그런데 한 달쯤 지난 어느 날, 그 곡이 생각나서 피아노 앞에 앉았다. 연주 때만큼은 아닐지라도 열심히 연습했던 곡이라 잘 칠 수 있을 거라 생각했다. 그런데 그게 아니었다. 나의 어설픈 손가락과 기억력은 나를 실망스럽게 했다. 책을 펴고 몇 번 연습을 한 뒤에야 겨우 비슷한 느낌의 음악이 나왔다. 그 뒤 한참 동안 애쓰고 완성한 곡에 대한 미련을 놓지 못해 자주 연습을 해서 기억의 끈을 쥐고 있었다. 그러다 새로운 곡들을 연습하며 잊혀졌다. 이제는 시간이 많이 지나버려서 그 곡을 연주 때처럼 치기는 쉽지 않을 것이다. 하지만 이제 피아노는 편한 마음으로 만나는 친구처럼 내 옆에 있게 되었다. 뿐만 아니라, 음악을 사랑하는 사람들과의 만남도 서로에게 큰 즐거움이었다. 그때의 인연들은 십 년이 지난 지금까지도 좋은 친구들로 남아 있다.

  모든 시간예술이 다 그렇듯 음악은 그 시간이 지나면 사라진다. 오래전에 어떤 곡을 칠 수 있었다는 것은 단지 내 추억 속에서만 존재한다. 그래서 음악은 인생과 같다고 하는지도 모르겠다. 한 번 지나간 시간은 다시 돌아오지 않는다. 그래서 음악도 인생도 다 안타깝고 소중하다. 애잔하고 사랑스럽다. 녹음해 두는 것 같이 시간을 붙들어 놓는 방법이 있긴 하지만 사진 속의 내가 지금의 나는 아니듯 음반 속의 나는 온전한 나일 수 없다. 오래전에 내가 어떤 사람이었다는 것은 자신의 추억 속에 묻어두어야 할 듯싶다. 더이상 좋은 곡을 연주할 수 없는데 내가 이런 곡을 연주할 수 있었다고 자랑한다면 지나간 세월 속의 자랑거리를 붙들고 내려놓지 못하는 마음과 비슷하지 않을까. 지금은 연주를 반드시 해내야 했던 그 때처럼 독하게 연습하지는 않아서 예전의 솜씨로 피아노를 칠 수는 없지만, 나는 그래도 나와 지금 함께 하고 있는 나의 음악이 좋다. 나중에 더 많이 나이가 들어 손이 아프거나 눈이 잘 보이지 않을 때가 되어도 딱 그만큼의 내 친구로 남아 있어 주면 좋겠다. 그때가 되어도 어린 손자 손녀들의 노래에 맞춰 동요 정도는 연주할 수 있지 않을까. 아이들 둘 다 아직 학생이니 결혼하기까지는 아직 시간이 많이 남아 있는데 벌써 손자 손녀의 재롱을 보고 싶어 하니 나는 세월 가는 게 그다지 싫지는 않은 모양이다.

제3부

가을에 떠난 드러머

서울이 좋긴 좋구나, 싶다. 알지도 못하는 사람의 출판 기념회에 무작정 따라왔는데 행사 초대가수로 최백호가 나왔다. 허연 머리에 찢어진 청바지가 조화롭다. 오래전부터 들어왔던 음성이다. 이 가수는, 어쩌면 생을 다하는 날까지 노래할 것 같다. 오랫동안 음악을 한 사람들에게는 비슷한 이미지가 있는 것인지 열창하는 가수의 모습에서 드럼 선생의 얼굴이 겹친다.

전주에서 살 때 어느 날부터인가 무대에 서게 되었다. 무대에 덩그러니 혼자 올라가 피아노를 치거나 노래하는 것이 너무 외롭다는 생각이 들었다. 문득 앙상블이 가능한 악기를 해보고 싶었다. 바이올린, 클라리넷, 색소폰, 기타 등 여러 악기를 생각해보다 문득 TV에서 젊다 못해 새파란 청년들이 흥에 겨워 드럼을 연주하던 생각이 났다. 얼핏 보기에도 드럼은 가장 나를 닮지 않은, 나와 가장 어울리지 않는 악기였다. 음악을 좋아한다 해도 드럼을 내가 할 수 있을까? 나 같은 아줌마에게도 드럼을 가르쳐 주는 곳이 있긴 하나? 나이가 들어가면서 점점 커져가는 '멈칫 병'이 도졌지만, 아줌마만 가질 수 있다는 '뻔뻔 병'이란 것도 있지 않은가. 못할 것도 없다는 생각이 들었다.

마침 그 무렵 기타를 배우고 있던 친구가 알려준 드럼 학원을 찾아가 보았다. 학원은 지하에 있었다. 지하로 내려가는 계단은 컴컴해서 음산하기까지 했다. 잠시 머뭇거리다 문을 열고 들어섰다. 그곳에 있던 드럼 선생은 새까만 피부에다 바싹 야위어서 날카로워 보였다. 이 방 저 방에서 연습하는 소리들 때문에 대화도 큰 소리로 해야 했다. 시끄러운 곳을 싫어하는 나는 당혹스러웠지만 내색할 수는 없었다. 이윽고 선생은 비어있는 방으로 나를 데려가서 드럼을 보여주며 한번 앉아 보라고 했다. 동그란 의자에 앉았는데 발판에 오른발 왼발을 올려놓으란다. 이런, 배우고 싶다고 찾은 악기가 두 손 두 발을 다 사용하는 악기인 줄도 몰랐다. 두 발이 움직이는 것은 보지 못하고 드럼이 그저 두 손으로만 연주하는 악기인 줄 알았던 것이다. 낯설고 어색한 악기, 드럼 배우기가 그렇게 시작되었다.

  가까이 있는 사람이 친구 되기가 더 어렵다는 말이 있다. 그림 그리는 친구의 말이, 사실화 작가와 추상화 작가가 친해지기가 어렵다고 한다. 서로의 작품 세계를 이해하려 하지 않는다나. 클래식 음악과 대중음악도 같은 음악인데 쉽게 만날 수 없는 거리가 있는 것인지, 거의 정박자로 이루어진 음악에 맞춰 피아노를 치고 노래를 부르던 내게 드럼에서 표현되는 엇박자들은 어색하고 불편했다. 하지만 두 손 두 발을 움직여 리듬 박자를 맞추며 다른 악기들이 잘 노닐 수 있도록 기둥을 세우고 있는 이 악기가 그런대로 매력이 있었다. 적어도 혼자 연주하지 않아도 되니까.

  어느새 나는 드럼을 치는 즐거움에 빠졌다. 어느 날 드럼 선생은 나를 불렀다.

  "애란 씨, 나랑 같이 음악 하지 않을래요?"

  내가 피아노를 오랫동안 쳤던 것을 알고 나를 눈여겨보았나 보다.

  "죄송해요. 클래식 피아노만 해서 재즈는 잘 알지 못해요. 게다가 무대공포증이 있어서 놀이로 무대 서는 것도 힘이 드는데, 프로 선생님들이랑 멤버를 하라니. 안될 말이에요."

 혹여 피해를 끼칠까 싶어 거듭 사양을 했지만, 선생은 내게 재즈 피아노 선생을 소개해 주고 훈련을 받게 했다.

 "일단 편하게 공부하세요. 기다릴 터이니 언제고 마음이 나면 같이 음악 하게요. 가스펠 밴드로 찬양 봉사도 하며 삽시다."

 선생은 내가 학원에 왔을 때 피아노 연습도 편히 하라며 키보드를 내어주었다. 뿐만 아니라 나를 위해 손수 MR을 만들고 친구에게 부탁해서 내 노래가 담긴 녹음 CD까지 만들어 주었다. 나는 한동안 학원에서 드럼과 피아노를 번갈아 연습했다. 그러다 내 귀가 드럼의 큰 소리를 감당하지 못해 아프기 시작해서 더 이상 드럼은 칠 수 없게 되었다.

 떠밀려 재즈 피아노를 배우기 시작한 지 일 년쯤 되었을 때 갑자기 서울로 이사를 오게 되었다. 자연스럽게 나의 재즈 피아노 공부도 끝이 났다. 선생은 서울에 가서도 음악 공부를 계속하라면서 내 손을 잡았지만 나는 이사를 핑계로 선생에게서 손을 뺐었다. 그러면서 막연히 이제 다시는 나에게 그렇게 손 내밀어 줄 사람은 없을 것이라는 생각이 들었다.

 서울로 이사 온 뒤 낯선 교회를 출석부 도장 찍는 느낌으로 심드렁하게 다니다, 성가대에 들어갔다. 그날은 찬양 대회까지 준비하느라 주일 오후 예배 마치고 다시 모여 연습한단다. 잠시 집에 들러 쉬는 데 드럼 선생을 소개해 주었던 친구에게서 전화가 왔다.

"애란아, 어젯밤에 드럼 선생님이 돌아가셨어."

순간 나도 모르게 벌떡 일어났지만 이내 자리에 주저앉고 말았다. 수화기를 잡은 손이 바르르 떨렸다. 쓴 물이 목젖을 타고 내려간다. 나는 있는지조차 모르고 있던 굵은 지지대 하나가 뚝 부러지는 소리를 들었다. 나이가 들어도 여전히 누군가에게 인정받는 게 삶의 에너지가 된다는 걸 알게 해준 선생인데…. 전화라도 자주 드릴 것을…. 모든 게 후회가 되어 나에게 달려든다. 가는 길이라도 배웅을 해야 할 것 같은 마음에 몸을 추스르고 전주로 향했다.

선생은 무대 연주를 마치고 심장마비로 떠나셨다고 한다. 이제 겨우 육십인데. 그렇게 가실 것을 알기라도 했나. 내게 입버릇처럼 죽는 날까지 무대에서 연주하다 떠나고 싶다고 말했었다. 그 소망은 이루었네. 드럼 치고 싶어서 어떻게 떠났을까. 평생 매일 일곱 시간 이상 드럼에 매달려 있는 선생께 그렇게까지 열심히 연습할 것 있느냐고 타박하곤 했는데 그때마다 선생이 하는 대답은 비슷하게 돌아왔다.

"드럼에 앉아 있을 때가 가장 행복해요. 그래서 난 언제 죽어도 여한이 없어. 하고 싶은 음악 실컷 하고 살아서 아쉬움이 없거든요."

나는 선생의 말을 이해할 수 없었다. 아니, 어떻게 사람이 여한이 없을 수가 있지? 여러 가지 역할에 치여서 조금씩은 하고 싶은 것도 양보하고 살아지는 게 우리의 인생살이인데, 그건 너무 이기적인 삶이 아닌가? 그 말을 들을 때마다 나는 여한이 많아 아직 못 죽겠다는 말로 삐죽이곤 했다. 너무 갑자기 떠나버린 안타까움은 여전히 내 마음을 아프게 하지만 그래도 그 여한이 없다는 말이 나에게 위로가 된다. 나도 언제 갈지 모르니 이제부터 여한이 없다고 말을 해둬야겠다. 그러면 주변 사람들이 덜 아플 것 같다. 그런데 어떻게 살아야 여한 없게 살았다 하지? 하긴, 따지고 보면 '죽어도 못 죽겠다' 할 만큼 사무친 한이 있는 것도 아닌데 새삼스럽게 여한 없이 살려 할 것도 없겠다.

    가을엔, 가을엔 떠나지 말아요

    낙엽 지면 설움이 더해요~

최백호의 노래가 이어지고 있다. 그러고 보니 선생이 떠난 날이 눈물겹게 아름다운 깊은 가을날이었네. 누군가의 기억 속에 살아 있다면 그 사람은 아직 살아 있는 거라는 말이 어쩌면 맞는 말일지도 모르겠다. 어디선가 선생이 아직도 연주하고 있는 듯 나는 오늘도 선생의 드럼 소리를 듣고 있다.

떠나보내기

전주시 전동 000-0.

내가 이 주소의 집을 떠나온 지도 28년. 그러니 이제 그건 내 집이 아니다. 그렇지만 그건 아직도 내 집이다. 결혼하면서 집을 떠난 뒤 전전했던 여러 아파트들의 동, 호수는 벌써 잊혀 기억나지 않는데, 옛 친정집 주소만큼은 주민등록번호처럼 저절로 뇌어지는 것을 보면.

내가 그 집에 살기 시작한 것은 초등학교 6학년 즈음이었다. 아버지는 미국 유학을 다녀온 뒤, 당시 전주 최고의 번화가였던 도청 바로 앞에 터를 잡고 병원과 살림을 겸할 수 있는 구조로 집을 지었다. 아버지가 설계부터 직접 참여하고 벽지와 전등은 엄마가 손수 골랐다. 대로변으로 나 있던 내 방 창문을 열면 도청 광장이 한눈에 내려다보였다. 광장에선 크고 작은 행사가 자주 열렸다. 사월 초파일엔 연등 행사가 열리고, 단오에는 전주의 대표적인 전통 문화 축제인

'풍남제'가 열리고…. 그런 날엔 광장에서 탈춤이나 전통무술이 상연되거나 풍물놀이패들의 흥겨운 공연이 이어졌다. 광장을 가득 메운 풍물놀이패들의 풍악소리와 광장을 에워싼 구경꾼들의 함성은 높이높이 메아리치면서 내 방 창문까지 그득히 밀고 들어왔다. 북과 장구와 징의 울림이 먼 바다를 건너듯 출렁거렸고, 꽹과리 소리가 구름 사이로 쏟아지는 햇살인 듯 쨍! 내리꽂히는가 하면, 태평소가 허공 높이 날아오르는 새인 듯 명랑한 가락을 뽑아냈다. 그 소리들은 구경꾼들의 추임새와 박수와 함성과 마구 뒤섞여 버무려지면서 소리의 바다를 이루었다. 눈을 감으면 짙푸른 바다와 질풍노도하며 부서지는 하얀 파도가 내 심장 안으로 달려드는 듯했다.

그렇다고 그 광장에 늘 축제만 있었던 것은 아니다. 그 창은 때때로 강제로 닫히고 커튼까지도 내려야 했다. 경찰들이 호루라기를 불고 다니며 광장 옆에 있는 건물들의 창문을 모두 닫고 커튼을 내리게 했다. 높은 사람이 온다고 경호를 해야 한다나. 얼마나 높기에 경호를 내 방 창문이나 우리 집 옥상까지 해야 하나 싶었다. 그럴 때 커튼을 내린 내 방에는 우리 사남매가 모여 창밖의 기척에 귀를 세우고 있었다, 뭔가 은밀한 우리들만 들을 수 있는 소리가 있을 것처럼. 하지만 대부분 밖은 적막감이 들 정도로 고요했고 커튼을 열어도 된다는 안내도 없이 하루가 지나곤 했다.

우리가 때때로 밤늦은 시간에 모여 모종의 작당을 했던 공간도 내 방이었다. 작당의 주모자는 대부분 큰오빠였다. "오늘 우리 야식 먹을까?"라거나 혹은 "우리 만화책 빌려볼까? 돈은 내가 낼 테이니 둘째 네가 심부름을 해라" 하는 식이었다. 나는 여자라 빼주고, 남동생은 어리다고 빼주고, 용돈이 제일 많은 큰오빠가 돈을 냈으니 결국 심부름은 둘째 오빠의 몫이었다. 사실 넷 중 가장 순한 둘째 오빠는 온갖 귀찮은 심부름을 도맡아 하면서도 싫은 소리 한 번 안 했다. 어른들 몰래 나간 둘째 오빠가 들어올 때 초인종을 누르지 않고 내 방 창문을 두드리면 나가서 문을 열어주는 게 내 일이었다.

큰오빠는 서울로, 동생은 광주로 대학을 가느라 일찍 집을 떠나고 남아있던 둘째 오빠와 나는 비슷한 시기에 결혼하면서 그 집을 떠났다.

얼마 뒤, 큰오빠가 돌아왔다. 나보다 1년 먼저 결혼해서 서울에 살던 큰오빠가 수련의 생활을 전주에서 하게 되었던 것이다. 아버지는 내 방까지 병원을 넓히고 병원 뒤로 이층 벽돌집을 지어 이 층을 오빠 내외에게 내주었다. 큰오빠는 수련의를 마치고 내과 전문의가 된 뒤, 아버지의 뜻에 따라 아버지의 의원에서 같이 일했다. 아버지는 그것을 꽤나 흐뭇해 하셨다. 조카아이들 둘이 그 집에서 태어났고, 집은 식구들과 집에 드나드는 사람들로 항상 북적였다.

조카들이 무럭무럭 자라는 동안, 전주 외곽지역에 대규모의 아파트들이 들어서면서 사람들은 새로 지은 아파트로 옮겨가고 친정집 주변은 구시가지가 되어버렸다. 얼마 후 도청도 신시가지로 이전했다. 두 조카가 서울의 대학에 진학하여 집을 떠나고 큰오빠 내외도 아파트로 이사했다. 그때 오빠는 부모님을 모시고 갈 생각이었지만 두 분은 아파트로 가길 거절했고 결국 집에는 부모님만 남게 되었다. 집안일을 돌봐주던 할머니도 이제는 더 이상 할 일이 없어 집을 떠났다.

그러던 중, 아버지가 아프기 시작하면서 대학병원에 입원과 퇴원을 반복하다 5년여 전부터 요양병원에 장기 입원을 하게 되었다. 그 무렵 큰오빠도 다른 병원으로 일터를 옮기고, 이제 집에는 엄마만 남았다. 엄마는 매일 아버지가 입원한 병원에 출근하다시피 들렀다가 해가 저물 녘에야 집으로 오셨다. 엄마가 집에 가려고 일어서면 아버지는 으레 반입속말로 웅얼거리셨다.

"빈집에 뭐 하러 혼자 들어가 잔대? 여기서 같이 있으면 좋을 것을."

그때마다 엄마는 발끈했다.

"아니, 뭐 하러 가다니요? 청소도 하고 빨래도 해야 하고. 할 일이 태산인데."

"당신이 걱정돼서 그러지."

"걱정은 무슨…."

아버지는 텅빈 집에서 홀로 밤을 보낼 엄마를 걱정하셨다. 병실을 나서는 엄마를 바라보는 아버지의 눈길이 쓸쓸하다. 어쩌면 집에 갈 수 없는 아버지에게 엄마는 아버지가 의지할 수 있는 유일한 집이었는지도 모르겠다.

땅거미가 내려앉은 시간, 오래된 철문을 열고 집으로 들어가곤 했을 엄마. 식구들은 다 떠나고 그 흔적들만 빼곡한 공간으로 들어서실 때, 심정이 어떠하셨을까. 이 층으로 올라가는 나무 계단은 엄마가 부지런히 청소를 하는데도 반질반질하던 그 빛을 잃었다. 아버지와 오빠가 수시로 드나들던 병원으로 연결되어 있는 문은 이제 굳게 닫혀 있다. 조카들이 보다가 남겨놓은 책들이 가득한 방, 빈 소파만 덩그러니 남아있는 거실을 지나면 안방이다. 엄마의 집은 안방 하나뿐이라는 듯, 엄마는 안방에만 보일러 불을 들이셨다. 엄마는 정말로, 혼자 그 집을 지키셨다. 그러나 그렇게라도 집에서 지낼 수 있었던 시간마저 그리 오래 허락되지 않았다.

몇 달 전 엄마는 아버지가 계신 요양병원으로 들어가셨다. 아직 건강한 몸으로 입원환자의 신세가 돼버리고 말았으니 속이 상하셨을 터이지만 담담하셨다.

"밥걱정 안 하고 살게 되었으니 나쁠 것도 없다."

그 말씀을 사실 그대로 믿을 수는 없었다.

지난겨울 엄마는 나더러 그 집으로 오라고 하셨다. 그 집은 너무 썰렁해서 낯설었다.

"집이 왜 이리 추워?"

엄마는 냉기가 도는 집안에서 두꺼운 옷을 껴입고 계셨다.

"보일러 올렸으니 곧 따뜻해질 거다. 오늘 여기서 자자. 네 핑계대고 아버지께 휴가 받았다."

무척이나 즐거운 표정이었음에도 엄마의 모습은 왜소하

고 적적해 보였다. 집안 곳곳에는 식구들이 북적이며 살았던 흔적들이 고스란히 남아있는데, 그 퇴색되어가는 흔적들 속에 엄마는 앉아 있었다. 그 흔적을 지키기 위해 혼신을 다하는 듯한 모습으로.

그날 밤 엄마와 나는 엄마의 방에서 잤다. 불을 끄고 나란히 눕고 난 뒤에도 엄마의 이야기 소리는 계속 이어졌다. 주로 아버지에 관한 이야기였다. 차분한 목소리가 이불 속을 따뜻하게 데우고, 슬며시 허공에 올라 어둠 속을 떠돌다가 벽이며 문틈이며 천장에 스며들었다. 엄마의 목소리 사이사이 바람이 창밖을 지나는 소리가 끼어들었고, 간간이 엄마의 긴 들숨소리와 잔기침처럼 토해지는 날숨소리가 씨줄과 날줄이 되어 파고들었다. 그 적막한 틈새로 엄마는 이불을 들추고 살며시 빼낸 손으로 당신 뺨을 훔쳤다. 메마른 손으로 메마른 뺨을 타고 흐르는 눈물을 훔치는 그 은미한 마찰음이 반복적으로 들려오는 듯했다.

엄마는 이제 낮이면 빈집으로 출근하듯 드나드셨다. 말씀이야 '집에 가서 잠깐씩 쉬었다 온다'고 하시지만, 청소하랴, 병원에서 가져온 빨래하랴 제대로 쉬실 수나 있을까? 그래도 집에 가야 쉬어진다고 하시는 것을 보면 엄마에게 집은 '온전한 휴식처'임에 틀림없다. 그렇게 집은 엄마를, 엄마는 집을 지키고 있었다. 그러나 점차 그 집은 엄마에게 더이상은 감당하기 어려운 거추장스러운 곳이 되어가고 있었다.

결국 엄마는 아버지가 계시는 병원 가까운 곳에 작은 아파트를 마련해 이사하기로 했다.

"엄마, 짐들은 어떻게 하지?"

"다 버리지 뭐."

최소한의 짐들만 아파트로 실어 보냈다. 엄마와 나는 남겨진 짐들과 비워진 공간들이 엉켜 을씨년스러워진 집의 뜨락에 황망히 서 있었다. 엄마의 사랑을 받으며 자라고 있던 굵은 나무 둥치와 푸른 이파리가 풍성한 나무들이 눈에 들어왔다.

"엄마, 나무도 아깝다."

"버려야지. 그게 뭐라고. 때가 되면 내 몸도 버려야 될 텐데…."

엄마와 나는 집을 떠났다. 아니, 집을 떠나보냈다.

여름이면 빨간 덩굴장미가 담장을 채우고 가을엔 대추나무와 감나무가 튼실한 열매를 주렁주렁 매단 가지를 담 밖까지 늘어뜨리던 집. 엄마가 정성스레 가꾼 뜨락에는 계절 따라 꽃이 피었고 향기가 집안까지 스며들었다. 이제 그 집은 헐려 흔적도 없이 사라지고 말았지만 시간이 갈수록 오히려 더 새롭고 생생하게 내 안에서 복원되어 가고 있다. 떠나보내기란 어쩌면, 더 깊은 '끌어안기'이고 '새롭게 만나기'니까.

빨래를 개다가

 개어야 할 옷가지들이 거실 바닥에 널려 있다. 아, 귀찮다. 누가 대신 해주면 좋겠다. 하긴 이걸 누가 대신해 주겠나. 결혼 전엔 내 옷 한번 변변히 개어본 일이 없었다. 남편 옷을 개며 비로소 결혼했다는 사실을 실감했고, 아이가 생긴 뒤부터 아이 옷을 갤 때마다 옷에서 나는 아이의 젖내음에 취해 얼굴에 빨래를 대보면서 내가 엄마라는 사실을 구체적으로 체감했다. 그때의 그 두근거림은 다 어디로 갔을까.

 시어머니를 처음 뵈었을 때, 그 순한 눈매가 인상적이었다. 당뇨병을 앓은 지 수십 년이 지났다는 말을 들었지만 어머님의 얼굴에는 어느 구석에도 그늘진 느낌이 없었다. 줄곧 시골 큰형님댁에 계시던 어머님이 우리 집에 머무른 적이 딱 두 번 있었다. 두 번 다 당뇨 합병증 치료를 위해 전주의 병원에 입원하셨다가 퇴원하신 다음이었다.

우리 집에 처음 오셨을 때, 어머님은 나와 단둘이 있게 되자 조심스럽게 말씀하셨다.

"아이고, 네가 가난한 집에 시집와서 해준 것도 없는데 병든 시에미 수발까지 하게 해 미안타, 느이 엄니한테 염치가 없네. 당장 집에 가고 싶다만 시골에 사는 너그 성들이나 작은 집에서, 동생네 가서 얼마 있도 못하고 온다고 할까 봐, 얼른 가도 못 허것다. 두 달만 있을 거니 힘들어도 조금만 참아라. 친정에다도 그리 말씀드리고."

어머님은 뭐든 집안일을 거들어주고 싶어 했지만 불편하신 몸으로 거들만한 일이 별로 없었다. 그러다 찾아낸 것이 빨래를 정리하고 개는 일이었다. 하루에도 몇 번씩 베란다를 드나들며 빨래가 말랐는지 만져보고 주름도 펴고 뒤집어 다시 널기도 하다가 고슬고슬하게 마르면 걷어들고 들어와 거실에 내려놓았다. 당신 아들 옷은 아들의 등을 토닥이듯, 손자 옷은 손자의 볼을 쓰다듬듯 한참씩 만지작거리며 주름도 펴고 먼지라도 묻어있는지 살피고는 잘 개켜 각 방 서랍에다 넣어 주셨다. 나는 옷을 꺼낼 때마다 반듯하게 정돈이 잘 되어있는 옷가지들을 보고 감탄했다.

두 번째 우리 집에 오셨을 때는 아들이 네 살 되던 해였다. 아들은 유별나게 낯가림이 심했다. 나를 제외한 누구에게도 가려 하지 않았고 누가 안아보기라도 할라치면 심하게 몸부림을 치며 울어댔다. 할머니라고 예외는 아니었다. 어머님은 아이의 머리라도 쓰다듬어 보려고 했고 그때마다 아이는 질색하며 내 품으로만 파고들었다. 어머님은 아침 식사를 마치면 대부분 거실 소파에 앉아 지내셨다. 집안일을 하는 내게 이런저런 말씀도 하시고 내 옆에 붙어서 놀고 있는 손자를 바라보는 것이 낙이었다. 지그시 아이를 바라보다가 가끔 감탄한 듯 혼잣말을 하셨다.

"애비 꼭 닮았네. 어쩌면 뒤통수까지도 똑같을까. 가마도 똑같네."

아들며느리 낯을 세워주느라 두 달을 머물기로 작정하셨지만 달포도 되기 전부터 보따리를 싸놓고 가실 날을 손꼽으셨다.

"갈 날이 이제 보름도 안 남았는데…, 쟤는 왜 사람을 붙여주질 않는다냐."

가실 날이 얼마 남지 않았다는 생각에 조급해지셨는지 곁을 내어주지 않는 손자에게 더 많이 야속해하고, 더 많이 서운해하셨다. 어느 날, 여느 때처럼 소파에 앉아 혼자 놀고 있는 손자를 바라보던 어머님이 슬그머니 다가가 "아이고, 내 새끼. 가기 전에 어디 한번 안아보자" 하면서 아이를 끌어안으려고 하셨다. 아이는 자지러지면서 손에 들고 있던 장난감 '딸랑이'를 내동댕이쳤다. 딸랑이는 요란한 소리를 내면서 거실 끝 저만치 굴러갔다. 어머님은 놀라 얼른 아이를 바닥에 내려놓으셨다. 내 옆으로 바짝 다가앉은 아이는 아무 일도 없었다는 듯 다른 장난감을 들고 놀기 시작했다. 어머님은 화가 단단히 나셨던지 한참 동안 아무 말씀이 없으셨다. 나는 이 난감한 상황을 어찌해야 할지 몰라, 하던 걸레질이나 마저 하려고 마룻바닥을 문질렀다. 어색한 침묵이 흘렀다. 어머님이 기어이 한마디를 툭 뱉으셨다.

"어휴, 우리 아들은 참 순했는데 애는 아주 괴팍한 게, 성질은 널 닮았나 보다."

순간 가슴이 턱 막혔다. 괴팍한 게 날 닮았다고요? 당신 아들 닮아서 예쁘단 말씀이나 하시지 말든지. 걸레질하는 손끝이 파르르 떨렸다. 그 자리에서 움직일 수 없을 만큼 어머님의 말씀이 충격이었지만 그렇다고 아무 말도 안 할 수는 없었다.

"어머니, 온종일 저랑 둘이서만 지내서 그런가 봐요."

그날 저녁 안방에 들어와 앉아 있는데 아침에 있었던 그 일이 생각났다. 정말로 내 아들이 까칠한 걸까? 정말로 성질이 괴팍한 애로 자라면 어떻게 하지? 은근히 걱정이 되었다. 그렇잖아도 친구들은 자기 아이를 네 살부터 유치원에 보냈다며, 내게도 권했지만 아이가 생일이 늦어 고민 중이었다. 사람들하고 잘 어울릴 수 있게 하려면 유치원에 일찍 보내는 게 나을지도 모르겠다는 생각이 들었다.

이튿날 아이를 유치원에 등록했다. 집 가까이에 있는 유치원은 시설도 좋고 선생님이 아이들을 대하는 태도도 남다르다고 소문난 곳이다. 게다가 아들이 들어갈 네 살 반은 정원이 대여섯 명밖에 되지 않고, 세 시간 남짓 보살피다가 셔틀버스로 집까지 데려다준다고 한다. 그 정도라면 아이에게 무리가 있을 것 같지는 않았다.

사나흘 뒤면 유치원 개학이다. 좀 이른 감이 없진 않았지만 그래도 벌써 자라서 유치원을 보내게 되었다는 뿌듯함에 마음이 들떴다. 나는 아이에게 예쁜 새 옷도 사 입히고 기념사진도 찍으며 수선을 떨었다.

"어머니, 내일부터 아이 유치원 가요."

순간 어머님의 얼굴이 흙빛이 되었다.

"너, 참 모질고 독하다. 그 어린 것을 어떻게 떼어놓을 작정을 한다냐?"

그때까지 누구에게도 들어보지 못한 말이다. 아무리 시어머니라지만 며느리에게 괴팍하다는 것도 모자라 이제 모질고 독하다는 말까지…. 이렇게 막 해도 되나? 정말로 속이 상했다. 어머님이 반대한다고 이미 등록해 놓은 유치원을 보내지 않을 수도 없었다.

아이를 데리고 유치원으로 갔다. 유치원에 도착하자 아이는 내 품에 딱 달라붙어 떨어지려 하지 않았다. 겨우 달래서 교실에 들여보내고 나는 교실 바깥에 서서 유리창 너머로 아이를 지켜보았다. 아이는 친구들과 놀다가도 수시로 내가 있는지를 확인했다. 나를 찾기 위해 창문을 바라보는 것이 조금 뜸해지고 놀이에 빠졌다 싶었을 때 나는 슬며시 유치원 문을 나섰다. 아이를 억지로 떼어놓고 오는 것 같아 마음이 편하지 않았고 유치원에 보내기로 한 일이 정말 잘한 일인지 걱정스러워 돌아오는 내내 발걸음이 무거웠다.

현관문을 열고 미처 거실에 들어가기도 전에 어머님은 아이가 유치원에 잘 갔는지, 잘 놀기는 하는지 등을 내게 물었다. 나는 잘 적응할 것 같다는 말로 얼버무리기만 할 뿐 어머님이 원하는 대답을 속 시원히 해드리지 못했다. 그러기를 일주일 정도 했을까. 아이는 더이상 내게 매달리지 않고 자연스럽게 교실로 들어가 친구들과 어울려 노는 것에 재미를 붙였다. 걱정스럽게 아이가 어찌했는지를 묻곤 하시던 어머님께 나는 당당하게 친구들과도 잘 어울리고 아주 재미있어한다고 말씀드렸다. 어머님은 그제야 마음이 놓이시는 모양이다.

"암, 내 그럴 줄 알았다. 갸가 얼마나 영리하냐."

그럴 즈음에 어머님은 큰형님댁으로 가셨다. 이곳저곳의 체면과 형편을 고려해서 정했던, 딱 '두 달'을 채운 뒤였다.

"아가, 그동안 애썼다. 나 때미 힘들었지야? 돈도 더 들고 신경도 많이 쓰였을 건데, 고맙구나."

어머님이 큰형님댁으로 가신 뒤, 빨래 개는 일은 다시 내 일이 되었다. 사실 어머님이 계실 땐 빨래를 개는 일이 내게 크게 도움이 된다는 생각은 하지 않았는데 겨우 두 달 안 하다 다시 하려니 여간 귀찮은 게 아니었다. 어머님이 큰형님댁으로 들어가시고 한참이 지나서도 나는 빨래를 갤 때마다 어머님 생각이 불현듯 떠올랐다. 뭐라도 도와주고 싶어 했던 어머님의 따뜻한 마음이 생각나서 애잔하고 그리웠다. 어머님은 병 때문에 혈액순환이 잘 되지 않은 탓인지 늘 발이 시리고 저리다고 하셨다. 나는 수시로 다리를 주물러 드리곤 했는데 내가 힘들까 봐 못내 불편해하셔서 사실 마음껏 주물러 드리지도 못했다.

세 번째 병원에 입원하셨을 때 어머님은 다시 우리 집에 오지 못하셨다. 그러니까 억지로라도 손자를 안아보려 했던 게 어머님으로서는 마지막 포옹인 셈이다. 얼마 남지 않은 당신의 시간을 절감하고, 사랑스러운 손자를 한 번이라도 안아보고 싶어 했던 어머님의 간절한 심정을 나는 그때 알지 못했다. 어머님이 떠나신 지 수십 년이 지난 지금도 빨래를 갤 때면 문득 어머님이 떠오르곤 한다. 어머님은 자식들에게 죽은 사람 뒤치다꺼리 힘들게 시키지 않겠다고 하면서 주변 정리를 미리 다 하실 만큼 정갈하고 따뜻했다. 떠나신 뒤 어머님의 방에는 정말로 당장 입을 옷가지 몇 벌밖에 남긴 것이 없었다. 가슴이 쓰렸고 그 마음 씀씀이가 존경스러웠다.

시간이 지날수록 어머님이 새록새록 그리워진다. 그런데

이상하게도 그때 나를 서운하게 했던 말도 가끔씩 불쑥 떠오른다. 어머님에 대해 싫은 감정의 찌꺼기가 있는 것도 아니고 까칠하게 굴었던 손자 때문에 섭섭해했던 어머님의 심정을 이해하지 못하는 것도 아니다. 내가 정말로 괴팍한 성격일지도 모르겠다. 그게 아니라면 일종의 며느리 본능 같은 것으로 세상의 모든 며느리들은 시어머니에게 상처받은 일은 결코 잊지 않는 것일까. 내 친정엄마인 동시에 다른 이의 시어머니인 우리 엄마가 떠오른다. 시어머니에 비하면 엄마는 강한 편이다. 주관이 뚜렷하고, 옳다고 생각하는 일에는 굽힘이 없다. 누군가에게 피해 주는 일을 죽기보다 싫어하는 엄마는 딸인 나에게조차 사소한 부탁도 잘 하지 않아서, 오히려 힘이 들 때가 간혹 있다. 기껏 한집에 같이 산 시간이 두 달씩 두 번, 넉 달밖에 되지 않는 시어머니에 비하면 아마도 내가 엄마에게 상처받은 일이 더 많았을 것이 틀림없다. 그런데도 인륜과 천륜의 차이가 그렇게도 큰 것인지 엄마에게는 섭섭했던 기억이 거의 없다.

내게도 아들이 있는데 이를 어쩌나. 나는 어쩔 수 없이 장차 시어머니가 될 터인데. 내 말실수 한마디를 수십 년이 지나 내가 세상을 떠난 뒤까지 며느리가 기억한다면 어떡하지? 이제야 덜컥 걱정되면서 내가 힘들까 봐 염려하고 손자가 붙여주지 않아 서운해하던 시어머니 생각에 새삼 가슴 더 아프고, 시어머니께 받았던 상처가 슬며시 아문다. 나는 참으로 이기적 인간이다.

빨래나 마저 개어야겠다.

넌 꿈도 없니?

TV를 돌리다 무심히 켜놓은 프로에서 나름 유명인으로 성공한 의사가 이야기하는 소리를 들었다.

"난 꿈이 없었어요. 내가 의사가 되어있지만 의사가 되고 싶은 생각을 학창시절에 해본 적은 한 번도 없어요. 어찌하다 보니 의대를 갈 수 있을 만큼 성적이 나왔고 그 당시 공부를 잘하는 이과 학생은 의대, 문과 학생은 법대라는 공식에 별반 거부감 없이 의대에 들어가서 의사가 되었지요."

세상에, 나처럼 사는 사람이 또 있었구나. 꿈이 없이 살아도 의사도 되고, 만족한 삶을 산다면야 그리 나쁠 것도 없겠다. 하긴 나도 꿈도 없이 살지만 그런대로 자족하며 사니까.

초등학교 때부터 꽤 오랫동안 새 학년이 되면 선생들이 가정환경 조사서를 들고 와서 적어내게 했다. 그 항목들 중 장래 희망을 적어내는 칸은 빠지지 않고 있었다. 그 장래 희망이라는 것이 너무나 막연해서 꼬박꼬박 적어 내야 하는 일이 나에게는 고역이었다. 다른 아이들에게도 힘들기는 마찬가지였는지 그 꿈이라는 것을 옆 친구가 써내는 것을 따라 적기 일쑤여서 짝꿍이나 친한 친구와 꿈이 대개 같았다. 한창 피아노를 배울 때는 피아니스트라고 쓴 적도 있었지만 사실 난 피아니스트가 되고 싶다는 생각을 해본 적은 없다. 우연히 S대 출신 피아니스트가 우리 옆집으로 이사 오는 바람에 시작했던 일이었고 매일 만나는 우리 엄마와 피아노 선생의 친분 때문에 어쩔 수 없이 왔다갔다만 하고 있었으니까. 연습하는 것을 지겨워했던 내가 피아노를 그만두게 되었을 때, 나에 대한 우리 엄마의 꿈이 하나 없어지긴 했다.

중학교에 가서도 장래 희망이 무엇인지 질문을 받으면 여전히 멈칫거렸다. 중학교 1학년 때, 나를 아껴주는 예쁜 수학 선생을 만난 덕에 일 년 내내 수학을 잘했다. 숫기 없던 나는 다른 선생들이 멀리서 오고 있으면 슬그머니 피하곤 했는데, 수학 선생이 잘 다니는 길목에서는 일부러 서성거리기까지 했다. 사실 수학을 좋아하거나 잘했던 게 아니라 단지 수학 선생이 좋았을 뿐이었는데 내가 대학에서 수학을 전공하게까지 되었다.

그러던 중 동기들이 대학원 입시 준비를 하는 것을 보고 나는 대학 교수가 되고 싶은 꿈도 없이 따라 해볼까 하는 생각이 들었다. 어릴 때 친구 장래 희망을 따라 적은 꼴이다. 그런 내가 좀 한심한 생각이 들어 교수께 찾아갔다.

"교수님, 졸업할 때가 다 되도록 대학원에 갈 생각을 하지 않고 있었는데, 나 같은 사람도 대학원 시험 봐도 될까요?"

"대학원 별거 아냐. 들어와. 너 중학교 졸업하고 고등학교 갈 때 왜 가야 하는지 고민했니? 대학도 마찬가지일 걸? 그냥 자연스럽게, 기회가 되면 하는 거야. 때가 되면 결혼하고 애도 낳고 하듯이."

"힘들지 않을까요? 저 아시다시피 공부 싫어하는데."

"하나도 안 힘들어. 일주일에 하루나 이틀만 학교 나오면 되는데 힘들 일이 뭐 있대?"

나는 교수에게 속았다. 그것도 완전히 속았다. 수업시간도 얼마 안 되고 게다가 당신이 지도교수 해줄 건데 힘들 게 뭐 있냐는 말과 달리 막상 입학한 후부터 교수는 끊임없이 숙제와 발표를 시켜댔다. 졸업할 때까지 이 년 동안은 내 평생에 비추어 가장 정신없이, 바쁘게 살았던 시간으로 기억 남을 만큼 힘이 들었다. 대학원 다니는 동안 조교 생활을 했던 나는 졸업할 즈음 운이 좋게도 시간 강사를 하게 되었다. 결혼하고 아들과 딸을 얻은 뒤에도 한동안 강의를 계속하다 어느 해 자연스럽게 그만두게 되었다. 갈등이 아주 없었던 것은 아니지만 시간 강사를 무작정 계속할 수는 없었다. 나는 지도교수를 찾아가 그만두게 된 사실을 말했다.

"넌 남들이 얻을 수 없는 것을 쉽게 얻으니까 귀한 줄 모르는구나. 사람들이 강의 몇 시간 얻어 보겠다고 얼마나 아쉽게 나를 찾아오는 줄 알기나 하니? 넌 강의를 하면서도 공부 더해서 교수가 되고 싶은 꿈이 안 생기든?"

교수의 얼굴에서 진하게 실망스러운 표정이 흘렀다.

"교수님. 그냥 대학원 오라 그랬지, 교수 되고 싶으면 오라고 하지는 않았잖아요?"

민망해진 나는 어물쩍 농담으로 교수의 '지금이라도 늦지 않았으니 나중에 후회하지 말고 박사과정 들어오라'는 진심어린 조언을 흘려버렸다. 시간 강사라는 어정쩡한 상태로 계속 있을 수만은 없다는 생각에 사실 박사학위를 생각하긴 했다. 고민하고 있던 즈음에 많이 기다렸던 작은 아이를 얻게 되었고, 나는 공부보다는 아이 키우는 것이 더 좋았다. 하지만 교수한테 '아이를 키우기 위해서'라고는 말하지 않았다. 힘들어도 참아내며 일과 가정 두 가지 일을 다 해내는 사람들이 많이 있지만 그때의 나는 그러지 못했다. 현실 속 내 앞에서 생글거리는 아이에게 내 모든 정성을 다하는 것이 보이지 않는 미래의 교수에 대한 꿈을 위해 노력하는 것보다 훨씬 가치 있다고 생각했다. 공부를 계속하지 못한 나에 대한 변명에 불과할지라도. 교수가 되기 위해서 강의를 계속하고 박사 코스를 밟았다면 전임 교수가 되었을지 모르지만, 그에 대한 확고한 꿈이 없었기에 그만둔 것에 대한 미련도 없다. 그 대신 나는 우리 아이들과 많은 시간을 함께 할 수 있었으니까.

하지만 아주 가끔씩, 그때 교수가 한 말은 가시처럼 툭툭 튀어나와 허술하게 살고 있는 나를 찌르긴 한다.

꿈 없이 산다는 것은 뭘까. 어떤 사람들은 방향키도 없이 망망대해를 항해하는 것과 같다고도 한다. 어쩌면 우리는 끊임없이 꿈을 가지고 살아야 한다고 강요받고 있는지도 모르겠다. 사실 방향키를 잘 잡고 자기 일에 매진하는 사람들을 보면 존경스럽기 그지없다. 당연히 그런 사람들이 나

보다 성공적인 삶을 살게 될 것은 틀림없는 사실이다. 하지만 나처럼 정처 없이 망망대해를 돌아다니다 때로는 예기치 않은 신세계를 발견하기도 하는 것을 보면 아주 나쁠 것도 없다는 생각도 든다. 내가 한 곳만을 향하여 방향키를 잡고 나갔더라면 절대 만나지 못했을 글을 만나, 그 존재조차 알지 못했던 수필의 섬에 한 발을 디뎌 밟게 되었으니. 주어진 방향대로만 직진했더라면 글을 전혀 안 썼거나 쓰더라도 지금과 같지는 않았을 것이다. 가는 길이 다르면 말하는 방법이 다르고 인생의 가치를 부여하는 방식이 다를 터이니까. 이렇게 말할 수 있는 지금의 내가 된 것도 이 섬에 당도했기 때문일지도 모르겠다.

무엇이 되어야겠다는 꿈은 지금도 여전히 꾸지 못하지만, 매일 마주치는 현실에서 걷는 한 걸음 한 걸음 속에서 나를 알아가는 노력을 하고 있다면 그것으로 충분하지 않을까. 꿈이 없으니 욕심도 없어서 무엇이 되지 못한 것에 대한 미련도 없고 아쉬움도 없으니 자족하며 살면 그만이다.

이것이 "넌 꿈도 없니?"라는 질문, 나를 찌르는 가시에 대한 작은 항변이다.

봄빛 나들이

이 동네로 이사를 온 지 얼마되지 않았을 즈음 근처에 재래시장이 있다는 소리를 듣고 찾아가 본 적이 있다. 걸어 다니기엔 좀 멀다 싶어 한 번 다녀온 뒤로 다시는 가지 않았다. 내가 사는 아파트에는 정문, 후문, 아파트 단지 내까지 슈퍼가 세 개나 있어서 굳이 재래시장까지 가야 할 이유가 없다.

사 년이 지나는 동안 아파트 주변은 큰 길이 뚫리며 사천여 세대의 아파트들이 들어섰고 상가들도 새롭게 단장되어 아주 말끔해졌다. 아파트 전세 계약 만기일이 얼마 남지 않아서 이사해야 할지도 모르는 상황이었던 어느 날, 나는 근처 부동산 사무실에 들르느라 새로 지어진 아파트 건물들 사이를 지나 걷게 되었다. 아파트 단지를 빠져나오자 시장이 아주 가까이에 보인다. 내친걸음에 시장까지 갔다. 오랜만에 들른 시장은 낯설었고 게다가 장보기를 할 생각이 없이 왔기에 호주머니엔 달랑 천 원짜리 두 장뿐이다. 돈이 없다 싶으니 쌓여있는 물건들을 보면서도 관심이 가지 않아서 무심하게 스치며 걸어가는데 비좁게 나 있는 시장 골목길 한 곳에서 마늘을 까고 있던 아주머니가 나를 부른다.

"마늘 사 가세요. 갈아도 드려요."

"미안하지만 돈을 가지고 나오지 않았네요."

집에 마늘이 떨어졌다는 생각이 났지만 어쩔 수 없지, 하고 지나치려 하는데 아주머니가 나를 불러 세웠다.

"필요한 만큼 그냥 가져가세요. 돈은 다음에 가져다주시면 돼요."

"아니, 절 어떻게 믿고 그냥 준다 그러세요? 가진 돈이 이천 원밖에 없는데 그만큼이라도 주실래요?

설령 그 친절함이 상술이었다 할지라도 그 말에 감동해서 가진 돈을 다 털어 마늘을 샀다. 고작 이천 원일 뿐이었지만.

그 후 며칠이 지났다. 넓은 창으로 들어오는 봄빛이 예사롭지 않다. 산책 삼아 시장 구경이나 하자 싶어 집을 나섰다. 지난번보다 시장 풍경이 낯설지 않아서 좋았다. 꼭 필요한 게 있어서 시장을 간 게 아니었기에 시장 곳곳을 둘러

보며 다니다 딸이 좋아하는 딸기를 샀다. 물건들이 예쁘게 포장되어 잘 정돈된 진열대에 놓여있는 마트의 풍경에 익숙해져 버린 내게 좁은 시장 골목 사이사이를 비집고 다니며 구경하는 일이 조금 번거롭긴 했다. 잠시라도 시선이 머문다 치면 가게 주인이 물건을 사라고 권하는 게 부담스럽기도 했다. 시선을 재빨리 돌려 가면서 발걸음을 옮겼다. 사실 아이들도 제 할 일 바빠서 집에 있는 시간이 별로 없기에 식사 준비를 많이 하지 않아도 되는 나는 시장 사람들에게 별로 좋은 고객이 아니다. 달랑 딸기 한 바구니 사 들고 집으로 가는 길에 골목길 가운데에 반찬 대여섯 가지가 놓여있는 가판대 옆을 지나게 되었다. 상큼한 김무침 향내가 코를 자극했다. 내 시선이 멈춘 걸 느낀 할머니가 얼른 말을 건다.

"반찬 사 가세요. 내가 직접 만든 건데 맛있어요. 한 번 맛본 사람들은 수십 년씩 단골이라니까. 내가 이 자리서 장사한 지 삼십 년도 넘었거든."

반찬을 사서 먹는 게 왠지 편하지 않아서 머뭇거리고 있는데 한 부인이 깻잎 김치를 사 간다. 나도 사 볼까? 나만 반찬을 사려는 건 아니라는 위안이 살짝 든다.

"식구도 없는데."

망설이는 나를 보고 할머니가 재빨리 말을 받는다.

"걱정 말아요. 조금씩도 파니까."

이 시장 골목이 좋아졌다.

양손에 딸기와 반찬거리를 나눠 들고 돌아오는 길에 지난번에는 미처 가보지 못했던 골목으로 들어섰다. 참기름을 짜주거나 고추를 빻아주는 집들이 모여 있다. 가게마다 오랜 세월을 견딘 흔적이 드러나 보이는 기계들이 가게 안쪽으로 죽 놓여 있다. 미숫가루 가게 앞을 지나는데 주인아저씨가 말을 건다.

"미숫가루 들여가세요. 원하는 대로 곡식을 넣어서 직접 만들어드려요."

가게 앞에 줄지어 있는 커다란 함지박에는 여러 곡식들이 가득 담겨있다. 나를 유혹하는 구수한 냄새들을 기분 좋게 맡으며 가게 앞을 지나가는데 바로 옆 가게가 비어있다.

주로 채소나 과일들을 파는 앞쪽 골목과는 다르게 이 골목에는 빈 가게가 많았다. 나무쪼가리들과 뜯어진 상자들이 아무렇게나 뒤엉켜 나뒹굴고 있고 다리가 삐뚤어진 채로 서 있는 테이블에는 먼지가 수북하다. 빈 가게들 사이로 드문드문 열려 있는 가게들이 위태해 보인다. 이 시장 골목이 앞으로 얼마나 버틸 수 있을까.

그때 내 손에서 덜렁거리고 있는 반찬을 담은 비닐봉지가 눈에 들어온다. 이 반찬으로 자식들 건사했겠구나. 수십 년을 그 자리에서 장사했다는 할머니의 인생 한 자락이 내 손 안에 들려있다.

골목을 미처 다 빠져나오기도 전에 내 시야에는 곧바로 딴 세상이 펼쳐졌다. 새로 길을 닦아서 노란색, 흰색 줄이 선명하고 진한 사 차선 아스팔트 도로 건너에 고층 아파트들이 키를 하늘 높이 치켜세우고 있다. 그 위풍당당함이 위협적이다.

좋은 게 좋은 거지. 그동안 내가 살고 있는 이 동네가 재개발된 덕에, 상가도 많이 생기고 밝아져서 좋다고만 생각했다. 그런데 이제는 문득 시장 사람들이 걱정된다. 아직 동네 재개발이 끝나지 않았다던데 이 시장도 그 계획 속에 들어있을까? 시장 골목 한 귀퉁이에서 반찬 댓가지 놓고 장사하던 할머니가 높은 임대료를 줘야 하는 상가 건물로 들어가서 계속 장사를 하는 게 가능하기나 할까? 이제야 뒤늦게 재래시장에 맛을 들인 나의 봄빛 나들이가 심란해진다.

편할 대로 해라

대학교 시절 활동했던 합창단이 벌써 창단 50주년을 맞이한다는 연락을 받았다. 50주년 행사인 만큼, 1박 2일로 진행한다고 했다. 내 입단 기수가 15기인데, 벌써 35년 세월이 흘렀다. 반가운 마음에 일단 왕복 기차표를 예약해 두었다. 이번 기회에 친구들도 만나고 엄마도 뵙고 와야겠다.

행사 날이 두 주쯤 남았을 때 다시 문자가 왔다. 버스를 대절해 놓았으니 12시까지 종합경기장으로 오라고 한다. 다들 애쓰는구나. 그런데 12시면, 딱 교회에 있을 시간이다. 하루 정도는 결석할까 싶은 마음이 들다가 '에이, 그럴 순 없지'로 돌아온다. 대학교 시절에 합창단원이었듯, 지금은 성가대원이기 때문이다. 나 하나 빠진다고 성가대에 무슨 대단한 영향이 있을까만, 그래도 기왕 하고 있는 일에 성실해야지 뭐. 이건 하나님 사랑이라기보다는 순전히 사람과의 약속 때문이다.

행사 날 아침, 예정대로 교회에 다녀온 후 홀로 길을 나섰다. 전주역에 도착하자 기다리고 있던 친구 순희가 나를 맞이해 주었다.

"그냥 교회 빼먹고 같이 버스 타고 오지 그랬어. 진짜 재미있었을 텐데. 따로 차비도 안 들고. 암튼 하나님이 너 엄청 예뻐하겠다."

"그러게나. 예쁘니까 하나님이 기차 값 맘껏 쓸 정도는 주시겠지?"

행사장에 도착했다. 사실 너무 오랜만이라 누가 과연 나를 맞이해 줄까, 내가 누구를 보고 반가울까, 은근히 걱정스러웠다. 그런데 입구에 들어서자마자 낯익은 선배가 손을 번쩍 들며 반갑게 맞아준다. 선배는 가판대에 연잎 차와 다과 등을 놓고 사람들에게 대접하고 있었다. 슬며시 배도 고프던 차에 가판대 옆에 서서 차와 과자를 먹으면서 선배와 같이 사람들을 맞이했다.

축사와 내빈 소개를 마치고 지난 50년 동안 합창단 활동 모습이 동영상으로 화면에 띄워졌다. 한창 꽃피던 젊은 날의 선배 후배들이 화면 속에서 튀어나온다. 이어서 공연이 시작되었다. 재학생들과 졸업생들이 같이 꾸민 무대다. 관객석에 앉아 바라보는데 예전에 함께 노래했던 얼굴들이 눈에 들어온다. 드레스도 예쁘고 표정들도 하나같이 화사하다. 저 설레는 기분 나도 알지 싶고, 나도 같이 무대에 설 수 있었더라면 좋았겠다 싶고. 내 앞자리에 앉아있는 후배도 꼬마 아들에게 뭐라 귓속말로 무대에 있는 누군가에 대해서 이야기하며 웃는 것이 나와 비슷한 마음이지 싶다. 옆줄에 꽃다발을 들고 앉아 무대를 뚫어져라 보고 있는 남자의 표정이 아주 행복해 보인다. 아내가 무대에 서 있나보다.

연주가 끝나고 연주회장 옆 건물에 있는 식당으로 갔다. 관객들도 거의 합창단 회원과 가족들이었기에 오백 명 남짓의 사람들 대부분이 식사를 같이 했다. 꽤 질서 정연했지만 많이 북적여서 일단 자리를 잡고 앉았는데 자연스럽게 우리 동기들이 한자리에 모였다. 몇몇 남자 동기들이 기왕 줄 선 김에 많이 가져오겠다고 나서 주어 나와 여자 동기들은 가져다준 음식을 편히 먹게 되었다. 음식을 가져다 나르기 바쁜 친구, 자칭 새치기 선수라며 재주껏 음식을 들고 자리에 앉는 친구 등 젊은 날의 모습 그대로다. 우리는 서로를 챙겨주면서 오랜만에 맞난 식사를 했다.

식사를 마치고 뒷풀이 장소로 이동했다. 자리가 정돈되

고 행사 시작을 알리는데, 벌써 시간이 열 시다. 엄마 집에 가야 하는데….

 사실 서울에서 내려오기 전 엄마께 전화할 때 넌지시 늦어질 것 같으니 주최 측에서 마련해 둔 숙소나 최근 집을 사서 독립한 싱글 친구 집에서 자면 어떨까 한다는 말을 했다.

 "너 편할 대로 해라. 나 신경 쓰지 말고."

 편할 대로 하고 신경 쓰지 말라는 말이 오히려 걸려서 그냥 엄마 집에 가겠다고 했다.

 일어날 마음 준비를 하고 있는 것을 옆에서 보고 있던 민이가 한마디 한다.

 "섭섭해서 어떻게 해. 그러니까 전화하지 말고 그냥 오지. 낼 아침에 일 있어서 다니러 왔다고 들러도 될 걸."

 "그럴까 했었지. 그런데 차마 그렇게 안 되더라고."

 언제 나갈 건지 묻는 민이에게 "삼십 분 후"라고 말하고 딱 삼십 분이 지난 뒤, 이제 막 레크레이션 강사의 너스레가 물이 오르기 시작할 때 자리에서 일어났다. 순희가 데려다주겠다며 같이 일어섰다.

 민이가 잘 가라는 인사를 해주며 한마디 한다.

 "아쉽지만 잘하는 거야. 부모님께 효도하는 이애란. 복

받을 거야."

복은 무슨…. 억지로 일어나는 자리인데. 이런 억지 효도도 복을 받을 수 있나? 복을 언제 받아? 벌써 내 나이가 몇인데…. 언제 자유로워지고? 대학생 때도 합창단 연습이 끝나면 단원 대부분이 남아 가벼운 뒤풀이를 했다. 그때도 어둑해진 하늘을 보며 엄마가 걱정할 일이 부담스러워 뒤풀이 한번 참석 못 했는데 지금까지 여전하다. 몸은 이미 행사장과 멀어져 주차장에 다 와 가는데 머릿속에서는 계속 꽁시랑이다.

"내일은 어떻게 갈래? 12시에 버스가 출발한다던데. 버스 타고 갈 거 아니면 전화해. 내가 역까지 태워다 줄게."

"기차 예약해뒀어. 오랜만에 왔는데 엄마한테 효도는 좀 하고 가야지. 그렇게 일찍 훌렁 가버리기 그렇잖아. 하나님께 충성, 부모님께 효도다."

엄마 집에 도착했다. 반가워하는 엄마를 보며 뒷풀이 안 하고 오기 잘했다는 생각을 했다. 엄마와 밤늦게까지 수다를 떨다 잠이 들었다.

아침이다. 엄마와 함께 시원한 계곡에 다녀오기로 하고 길을 나섰다. 가는 길목에 있는 둘째 오빠네 아로니멜라 농장에도 들르고 전주에서 다니던 교회의 어른도 잠시 찾아

뵙고. 엄마는 내내 밝은 표정을 짓는다. 좀 더 있다 가기로 한 건 정말 잘한 일이지 싶다. 이러니 언제나 내 아쉬움은 뒤로 밀릴 수밖에.

집에 돌아와서 아이들에게 전주에 다녀온 이야기를 했다. 아들 딸 모두 나더러 답답하단다.

"엄마, 그러니까 앞으로는 그런 모임이 있어서 전주에 가면 말하지 말고 조용히 놀고 와. 아니면 아예 하루 더 묵고 오던가. 친구들이랑 실컷 놀고 할머니하고도 충분히 시간 보내고."

"얘, 차마 말없이 다녀오는 건 못하지. 그리고 니들 다 컸다지만 그래도 난 얼른 돌아와서 니들 챙겨주고 싶은 걸?"

"아이고. 우리 엄마 못 말려."

"그럼 너희들은 나중에 엄마 안 챙기고 몰래 놀다 갈 거임?"

"응!"

"응!"

둘 다 머뭇거리지도 않고 힘차게도 대답한다. 에휴! 그래. 그렇게 해라. 진심으로, 정말로 진심으로 너희들 편할 대로 살아라. 나 신경 쓰지 말고. 그런데 문득, 우리 엄마도 내게 그렇게 똑같이 말했다는 것이 생각난다. 엄마의 그 말도 나처럼 정말 진심이었을까? 그렇다면, 이제부터 전주에 몰래 놀러 가 볼까?

 아마도 영영 그런 일은 없겠지. 어쩌겠나. 답답해도 이게 나인 걸.

이제야

 오랜만에 발걸음을 한 옛 교회의 예배실에 들어갔다. 실내는 아침인데도 밝은 조명을 켜두어 더욱 환했다. 단상 바로 앞에서 노래를 부르고 있는 청년이 눈에 들어왔다. 대학생쯤 되어 보이는 여자애의 피아노 반주에 맞춰 소리를 가다듬고 있다. 예배시간에 부를 찬양 리허설을 하고 있나 보다. 찬양대석을 돌아보았다. 오랜 세월 교회에서 봐왔던 이정희 권사가 맨 뒷줄에 앉아 기도 중이다. 반가움에 얼른 옆으로 가서 인사했다. 그녀는 나를 보자마자 깜짝 놀라면서 내 손을 부여잡았다. 그의 눈에 눈물이 고인다.

 "아무도 못 볼 거라고 생각해서 아쉬웠는데 이렇게나 이른 시간부터 와 계시네요."

 "항상 이 시간엔 와있어. 애란이 아버님이 애쓰고 일군 교회인데 내가 지켜야지. 반갑네. 근데 어쩐 일이야?"

 예배가 끝나면 교회에서 점심을 마련해서 교인들이 함께

식사하고 담소를 나누고 갈 수 있도록 했다. 나도 대부분 같이 식사를 했는데 그 준비를 위해 이렇게 이른 시간부터 와서 수고하는지는 미처 생각하지 못했다. 나는 겨우 반찬 나르는 걸 돕거나 식사 후에 빈 그릇 옮겨다 놓는 것밖에 하지 않으면서 교회에서 밥을 먹는 것도 귀찮아할 때가 많았다.

"산소에 다녀오려고요."

"그래, 그래."

그는 그래, 그래 외엔 한동안 말을 잇지 못했다. 촉촉하던 그의 눈에서 기어이 한줄기 눈물이 주루룩 흘러내렸다. 나를 보고 아버지를 뵌 듯 반가워하시며 한동안 눈물을 거두지 못했다.

추석이 다음 주다. 나는 전날 전주에서 자고 일요일에 맞춰 교회에 다녀온 뒤 가족들과 함께 강진에 있는 아버지 산소에 다녀오기로 했다. 내가 전주에 살고 있을 때만 해도 11시 예배 한 번뿐이었는데 그새 사람들이 많아졌는지 2부로 나눠 예배를 드린다고 했다. 덕분에 우리는 9시에 시작하는 1부 예배를 마치고 갈 수 있게 되었다. 교회에 빠지지 않을 수 있어서 다행이긴 한데 보고 싶은 사람들을 만나지는 못할 것 같아 아쉬웠다. 그런데 이 권사가 그렇게나 일찍 와 있었던 덕에 얼굴을 볼 수 있었던 것이다.

아버지는 병원을 개업하시면서 전도사를 들여 병원에 온 사람들을 위로하거나 전도하는 일을 하게 했다. 그런 다음 병원 건물 지하실에 기도실을 마련하고 원하는 사람들은 언제든 기도나 묵상을 할 수 있게 했다. 장로였던 아버지는 다니던 교회를 나온 뒤 일요일에는 교회를 가고 싶어도 가지 못하는 입원환자들이나 보호자들을 위해 예배 인도를 했다. 기도실에는 단상이나 의자, 피아노 같은 일체의 물품들은 다 갖춰놓았다. 하지만 피아노 칠 사람이 없어서 피아노 반주가 없는 예배를 드렸다.

그 무렵, 나는 유치부부터 줄곧 다녀온 대형 교회의 대학부에서 아주 재밌게 생활하고 있었다. 일요일이면 아침 일찍부터 나가서 대학부와 대예배를 본 다음 오후에는 교사로서 초등부 예배에 참석하고 교사 토론이나 교사 예배까지 다 마친 후에야 집에 들어왔다. 부모님은 나에게 다니는 교회를 그만두고 병원 교회에 와서 피아노를 쳐주면 좋겠다는 말을 한 적은 없다. 하지만 일요일 아침마다 내가 다니는 교회로 가면서 늘 뒷머리가 굼실거리는 불편함을 견뎌야 했다. 아버지를 도와서 피아노도 치고 자리 하나라도 채워야 하는 게 아닐까 하는 생각이 들어서다.

　한 해가 저물어 가고 새 학기가 시작되기 전, 다니던 교회에서 교사를 새로 배정할 때 병원 예배실로 가기로 결심하고 그 사실을 알렸다. 내 속을 전혀 모르는 대학부 선배에게 '일생 동안 자기를 키워주고 성장시켜서 이제 봉사할 수 있는 능력이 생기니까 슬그머니 다른 교회로 가겠다고 하는 몰염치'라는 소리까지 감수해야 했다. 나는 아프게 결정을 한 것인데…. 말씀은 안 하셨다지만 차마 부모님을 거역하지 못했던 것뿐인데…. 키워주고 성장시켰으니 꼭 필요한 곳으로 가서 그동안 배운 것으로 봉사하라고 말해줘야 하는 거 아닌가? 틀림없이 그 선배도 훗날 그땐 자기도 어렸다는 생각을 했을 것 같다. 돌이켜 생각해보면 나의 신앙생활은 그때까지가 전부였지 싶다.

　작은 기도실로 시작했던 예배실은 사람들이 모이기 시작하면서 너무 비좁아져서 넓은 곳으로 이사 가야 할 정도로 성장했다. 그때쯤엔 병원에 입원실을 없앴기에 굳이 예배실을 찾지 않아도 되는 상황이었는데도 사람들은 아버지와 함께 예배드리길 원했다. 어쩔 수 없이 병원 가까운 곳으로 예배실을 옮겼고 교회 간판이 달리게 되었다. 아버지는 이미 '한 집 건

너 한 집'이 교회인데 '한 집 건너 또 한 집'을 만들게 되었다고 걱정하시다가 얼마 후 전주에서 가까운 교외로 터를 정하셨다. 기왕 만들어진 교회라면 시내에서 떨어져서 교회에 다니고 싶어도 여의치 못한 사람들을 위해 그 사람들 가까이 가기로 하신 일이다. 저수지를 끼고 있는, 경치가 아주 좋은 조용한 마을에 자리 잡은 작은 교회는 그 동네 사람들의 사랑방이 되었다. 엄마는 교회에 쉼터를 만들고 교인들 중 누구든지 나이가 들고 보살핌이 필요하게 되었을 때 쉼터에 와서 노후를 보낼 수 있게 하리라는 꿈을 갖고 계셨다.

하지만 교회의 성장과 달리 나의 신앙생활은 성장하지 못했다. 그저 그냥 습관인 듯 생활인 듯 벗어나지도 못하고 깊이 들어가고 싶지도 않은, 어정쩡한 상태로 이어갔다. 아버지의 설교가 지루하거나 재미없지도 않았고 게다가 아버지의 뜻을 충분히 이해하고 내가 선택한 일이었다. 하지만 한 번 열정이 지나간 뒤 사그라진 불씨는 되살려지지 않았다. 가끔 그때, 나를 그냥 그대로 뒀더라면 지금보다는 좀 다른 사람이 되어있지 않을까 생각될 때도 있다. 그땐 주일학교 선생에 율동 강사까지 하고 있어서 대표기도 정도는 가볍게 할 수 있었는데. 지금처럼 남들 앞에서 책만 읽으라고 해도 긴장하는 사람이 되지는 않았을지도 모르겠다 싶고.

 교회가 세워진 지 삼십 년도 더 지났다. 아버지가 병환으로 병원에 드나들기 시작하면서 아버지는 예배 인도를 하지 않으셨고 대부분의 교회 재정을 돌보던 엄마도 어느 때부터 더 이상 교회 일에 관여하지 않게 되었다. 교회는 새로운 장로를 세우고 목사도 맞이했다. 내가 서울로 이사 올 즈음 교회는 다시 전주 시내로 옮겨갔다. 그것은 사실, 교외에 교회를 세우셨던 아버지의 뜻과는 다른 일이었다. 게다가 나무 한 그루 꽃 한 포기까지 엄마의 손이 가지 않은 곳이 없는 교회를 옮기다니, 그다지 애정을 갖지도 않고 이방인처럼 왔다갔다만 했는데도 내 마음이 다 쓰렸다. 부모님 마음은 어떨까 싶은데 두 분은 새 사람들의 뜻에 맡기기로 했다며 일체 아무 말씀도 하지 않으셨다. 이제 엄마는 사람들이 신경 써주는 것이 불편해서 집 가까이에 있는 다른 교회를 다닐까도 했지만 지금껏 자리 지켜주고 있는 사람들 생각해서 그러지도 못한다고 하신다.

 수많은 사람들이 찾아오고 떠나고 예배 장소가 몇 번 바뀌는 그 긴 세월 동안 이 권사는 아직도 교회 식구들에게 밥을 먹이고 있다. 가끔 아버지와 길을 가다가 아버지 덕에 생명을 건졌다고, 평생 아버지를 은인으로 생각한다는 사람들을 우연히 만났을 때 아버지에 대한 존경심과 자부심이 들곤 했다. 하지만 아버지가 했던 교회사역에 대해서는 크게 인식하지 못했다. 내 신앙생활에는 별로 도움이 되지 않았다는 생각이 많았으니까.

아버지 덕에 신앙을 알고 구원을 알게 되었다는 그의 눈물을 보면서 이제야 아버지가 정말로 귀한 일 하다 가셨다는 것을 알게 되는 이런 나를, 나는 어떻게 해야 할까. 종갓집 맏며느리로 살면서 세상 고생만으로도 녹록치 않았던 그가 수십 년 동안 먹인 교회 밥이 얼마나 귀하고 귀한 것인지 이제야 알게 되는 이런 나를, 나는 또 어떻게 해야 할까.

한 시간 남짓의 예배가 끝났다.
"이제 언제 다시 보려나…. 오늘은 식사도 못하고 가네."
이 권사의 눈에 또 한 번 눈물이 맺힌다.
"그러게요. 전주 오면 가급적 교회 오도록 노력해 볼게요."
그의 손으로 만든 밥을 먹지 못하고 교회 문을 나섰다. 이제 새 사람들로 가득 채워져서 내게는 낯설기까지 한 교회에서 아버지의 꿈을 굳게 지켜내고 있는 그의 눈물을 가슴에 품고 강진으로 향했다.

어느 아파트 이야기

 내가 이사한 아파트 길 건너에 수천 세대의 새 아파트가 또 들어섰다. 바로 옆에는 초등학교도 뒤따라 생겼다. 아파트 건물들 만큼이나 새로 생긴 초등학교도 외양이 말쑥하다.

 공사가 마무리된 이후의 어느 날, 아래층 수진이 엄마와 집으로 걸어오는 중이었다. 수진이는 아파트 근처 유치원에 다니고 있는 네 살짜리 아이다. 새 초등학교 앞을 막 지나는데 수업이 끝난 시간이었는지 아이들이 학교에서 우루루 몰려나오고 있다. 여기저기서 소리를 지르며 왁자지껄한데도, 오랜만에 듣는 아이들 소리가 내 귀를 즐겁게 한다. 마중 나와 있던 엄마들이 밝은 표정을 하고 자기 아이를 데리고 가는 모습들도 보였다.

 "수진이도 크면 이 학교에 보내면 되겠다."

 "글쎄요. 다닐 수 있을지 모르겠어요."

 "아니 왜?"

의아한 얼굴로 바라보는 내게 수진이 엄마는 씁쓸한 표정을 지으며 말을 이었다.

"새 아파트 주민들이 반대해서 올해는 우리 아파트 아이들이 입학하지 못했대요. 분위기 버린다나요? 게다가 그 아파트 단지 내에 일부 임대 아파트도 있는 모양인데 그 임대 아파트에 사는 아이들도 못 다니게 하자는 이야기까지 나왔다네요."

부자 동네에서 근처의 낙후된 집에 사는 아이들과 자신의 아이들을 서로 어울리지 못하게 한다는 이야기들을 TV에서 본 적도 있고 들은 적도 있는 것 같다. 심지어 가난한 집의 아이들이 학교 가는 길에 자기네 아파트를 통과하지 못하도록 철조망을 쳤다는 일도 있었지 싶다. 그런 이야기들이 나와는 먼 일로 알았는데 내가 사는 아파트에서도 그런 일이 일어나다니. 전주에서 편하게 아이들을 다 키우고 온 내가 이제 와서 자존심이 상해야 하나? 순간 복잡한 마음이 되어 뭐라 대꾸할 말을 찾지 못하고 있는데 수진이 엄마는 내 마음을 무관심으로 읽었나 보다.

"아이들을 다 키운 어른들은 관심이 없어 잘 모르시겠지만 우린 엄청 자존심이 상했어요."

그리고선 수진 엄마는 잠시 입속에 어떤 말을 담고 있는 듯하더니 기어이 툭, 뱉는다.

"어차피 똑같이 강남에 가지도 못하면서…."

나는 수진 엄마가 혼잣말인 듯 흘리는 말 한마디에 결국 웃고 말았다.

"그러게나 말이야."

내가 지난 여름에 이사 와서 살게 된 지금의 아파트는 지어진 지 십육 년이 되었다. 사실 새 아파트로 가고 싶은 마음도 있었지만 무리를 하면서까지 그럴 필요는 없다고 생각했던 것인데 막상 이사한 뒤 망설였던 일이 무색할 만큼 이 아파트가 마음에 들었다. 인테리어도 새로 한 집이라 나름 쾌적했고, 새 아파트로 가는 것보다는 좀더 넓은 집으로 올 수 있었으니까.

서울살이 5년차. 재계약할 때마다 무섭게 오르는 전세금을 마련하기 바빴다. 그래도 어쨌건 나는 아직 주소상 '서울특별시민'이다. 전세금 마련을 하면서 불편한 마음에 "전주 가버려? 경기도로 갈까?" 하고 마음에도 없는 말을 했다. 사실 나는 언제든 다시 고향인 전주로 가버리면 그만인 사람이다. 하지만 어쩔 수 없이 서울을 아예 떠나지도 못하고, 높은 집값으로 인해 변방으로 밀려나 서울로 매일 힘겹게 출퇴근하는 사람들의 고단함이 남 일 같지 않게 느껴졌다. 처음 서울에 왔을 때 몇몇 사람들에게서 느꼈던 '서울부심(서울 시민이라는 자부심)'이 낯설었다. 뼛속까지 '시골쥐'인 내가 보기에 '서울쥐'란 영락없이 아등바등 애쓰고 사는 것일 뿐인데 웬 자부심일까 싶었다. 서울에서 밀려나지 않고 있다는 안도감에서 나온 마음이었을까? 게다가 어떤 사람들의 강남을 향한 부러움 혹은 열등감은 더욱 낯설었다. 밀려날 걱정을 벗고 서울에 직장과 집을 마련한 사람들은, 그 이후엔 다시 서울 내에서도 더 좋은 집을 갖고 싶은 게 인지상정일 것이다. 하지만 더 좋은 곳을 바라보며 부러워하는 것을 넘어 그 부러움에 대한 자기 위안으로 자기만큼 갖지 못한 사람들을 무시하는 눈으로 바라본다면, 그 사람은 영원히 가난한 사람일 수밖에 없다. 언제나 더 가진 사람들은 있게 마련이니까.

아파트 정문이 보이는 길목에 들어섰다. 길 양쪽으로 단풍이 깊게 진 아름드리나무들이 무성한 나뭇가지들로 아치형 터널을 이루고 있다. 심란해하면서 걷고 있던 수진이 엄마의 표정이 환하게 펴졌다.

"우리 아파트 진짜 예뻐요. 오래된 아파트의 장점이에요. 그렇죠? 전 우리 아파트가 정말 맘에 들어요. 앞쪽 작은 평수에는 젊은 부부들이 많이 살고 있어요. 이쪽으로는 부모님 세대들이 주로 계시는데 앞쪽에 자식들을 분가시키고 오가면서 사는 집이 많더라구요. 한 단지 내에 부모님들이랑 살면서 서로 챙기며 사는 게 얼마나 보기 좋아요? 서울 같지 않은 따뜻함이 있는 곳이에요."

"그래, 그런 것 같더라. 나도 이사 온 지 얼마 안 되었는데도 우리 아파트와 아파트 사람들이 정이 들더라고."

밝게 웃는 수진이 엄마와 헤어져 집으로 들어왔다.

잠깐 나갔다 온 것인데도 피곤하다. 소파에 몸을 뉘이니 금새 피로가 풀린다. 역시 가장 편안한 공간은 내 집인가 보다. 누구나 으스댈 법한 강남 한복판 호화 아파트도 아니고, 엄밀히는 내 집이라 부를 수 없을지도 모르는 나의 집. 날씨처럼 사람의 마음도 쌀쌀해지는 요즈음이지만 때론 보이는 집보다 보이지 않는 마음의 집을 잘 지키는 것도 중요하지 싶다.

결국 나 자신을 지켜주는 건, 차가운 콘크리트로 지은 집이 아닌 마음의 집일 테니.

경미의 선물

노래를 하거나 글을 쓰는 것, 그 모든 것은 그저 내가 좋아서 하는 일이다. 나 좋아서 하는 일인데 혹여 다른 사람들을 귀찮게 하는 건 아닐까 싶어서 연주할 때 사람들에게 굳이 알리지는 않는다. 그래도 내 관객이 단 한 명도 없는 연주는 너무 삭막할 테니 늘 애꿎은 딸에게만 관객이 되어 달라고 부탁한다. 다행히 딸은 어려서부터 내가 하는 모든 연주를 거의 다 다니면서도 귀찮은 기색 한 번 없이, 늘 기뻐해 주고 자랑스러워해 준다.

음악에 비하면 글쓰기는 혼자서 조용히 노는 일이라 생각했는데 내 글이 실린 책이 나왔을 때 그렇지 않다는 걸 알게 되었다. 연주할 때처럼 딸에게만 알릴 수도 없는 일이다. 내 책을 귀하게 여겨줄 사람은 누구일지, 책 속에 나오는 나의 일상, 나의 이야기들을 편견 없이 봐 줄 사람은 또 누구일지 고심하며 책을 주게 된다.

문제작가로 선정된 후, 내 글이 실린 책이 한가득 집으로 온 뒤 고민에 빠졌다. 아는 사람도 많지 않은 내가 감당하기에는 책이 너무 많은 양이었다. 어쩔 수 없이 이런저런 생각들을 다 내려놓고 내가 속해있는 몇 개의 모임 사람들에게 내가 글을 쓴다는 것을 알리고 주소를 알려 달라고 했다. 다른 모임 구성원들은 대부분 곧바로 주소를 보내주었는데, 의외로 내가 아끼는 친한 친구들이 속한 모임에서는 오로지 경미만 고맙다는 말과 함께 주소를 보내왔다. 다른 친구들은 부럽다거나 내가 친구여서 자랑스럽다거나 하는 말 인사만 하고 정작 주소는 보내지 않았다. 뭐지? 은근히 서운해진다. 그러다 애써 생각을 고쳐 본다. 나 즐겁자고 하는 일에 사람들이 무신경하다고 서운해하지 말자는 게 평소의 내 생각이 아니었던가. 예전에 책을 많이 읽던 사람들도 눈이 어른거려서 이제는 책을 보지 않는다고들 하는데 어쩌면 그런 이유일 수도 있겠다. 주소를 보내준 경미가 더욱 고맙게 느껴졌다. 가지고 있던 책 한 권을 더 넣고 잘 포장해서 경미에게 보냈다.

　며칠 후, 경미에게서 문자가 왔다.

　"책 잘 받았어. 우리가 만난 지 삼십 년이 넘는데도 몰랐던 너를 글을 통해서 새삼 알게 된 것 같아 기쁘다. 고마워서 밥이라도 한번 사고 싶은데 시간 언제 가능하니?"

그렇게 경미와 시간 약속을 했다.

경미와 만나서 이런저런 살아오던 이야기를 나누며 식사를 하는데 경미가 A4용지 한 장을 내게 내민다.

"그동안 네가 쓴 글, 다 찾아서 읽었어. 인터넷 카페에 있더라. 혹시 지워질까 봐 복사해서 파일에 보관해 뒀지. 내가 가지고 있는 네 글 제목들이야. 볼래? 빠진 거 없지?"

나는 깜짝 놀라서 종이를 받았다. 내가 전주에서 처음 글쓰기를 시작했을 때 당시의 선생님은 학생들의 글을 카페에 전부 올리셨다. 한참 뒤에 그 사실을 알고 당황스러웠는데 그것을 어떻게 알았을까. 나조차도 잊고 있던 글들을 다 찾아 읽고 간직까지 하고 있었단다.

"고마워라. 초기작이라 많이 모자란데…. 뭐 지금도 별반 잘 쓰지는 못해서 허덕거리고 맨날 죽는 소리하고…. 게다가 말만 글 쓰러 다닌다지 막상 쓰지도 않아서 수업엔 늘 빈손이고…."

한참을 주절거리는 나를 경미는 딱하다는 듯 바라본다.

"글 잘 쓴다는 게 뭔데? 신춘문예에 당선되는 거? 난 글은 쓰지 못하지만 책을 좋아해서 어릴 때부터 책을 참 많이 읽었어. 그래서 글 읽을 줄은 좀 안다고 생각해. 네 글이 나에게 공감되고 따뜻하고, 그래서 내 마음에 위로가 되고 그러더라. 누군가 한 사람에게라도 그러면 되는 거 아닌가? 더 이상 뭐가 필요한데? 내가 네 글을 간직한 게 그냥 너여서? 아니, 네 글이 좋아서야."

나는 머쓱해졌다. 귀한 칭찬이다. 잘 간직해 두었다가 글을 쓰면서 문득 퍽퍽함이 찾아올 때 꺼내서 힘을 얻을 소중한 말이다. 경미는 책 선물에 대한 보답으로 뭐라도 들고 오고 싶었다고 다이어리를 내게 건넸다.

글 쓴다고 덤빈 지 벌써 몇 해가 지났다. 그동안 글을 못 쓴다는 말은 늘 달고 살면서도 어떤 글이 잘 쓴 글인지, 어떻게 해야 글을 잘 쓸 수 있는지에 대해서는 고민해 본 적이 없다. 그저 다른 사람들 글 속의 멋진 문장에 감탄하며 그런 글 쓸 능력이 되지 않는 것에 움츠러들기만 했다. 경미의 말에, 대단한 글은 아닐 지라도 최소한 나의 경험과 생각이 깃든, 딱 '나만큼의 글'은 쓸 수 있지 않을까 싶어지는 게 은근히 힘이 난다. 그래, 대단한 작가가 아니면 어떤가. 전문 연주가는 아니어도 나를 응원해주는 딸 하나로 충분했듯, 경미의 격려로 나는 오늘 천군을 얻은 듯 힘이 솟았다.

집에 돌아와 상자 속에 들어있는 다이어리를 꺼냈다. 파란색의 표지가 예쁘다. 이걸 사기 위해 이것저것 만져보며 골랐을 마음이 고맙다. 책 두 권 선물에 밥 사주고 용기 주고 다이어리 선물까지. 글 쓰길 참 잘 했다고 생각한 날이었다.

낯선 별을 향하여

 며칠 전에 받아두고 아직 읽지 못한 문예지 한 권이 눈에 띄었다. 책을 펴고 목차를 둘러보는데 낯익은 이름이 있다. 깔끔한 외모에 선한 눈매가 인상적인 P선생이다. P선생을 처음 만난 건 어느 작가 모임에서였지 싶다. 그땐 내가 구석에 앉아서 주변을 둘러보지 못한 터라 제대로 기억나지는 않는다. P선생이 내 기억 속에 강하게 자리 잡은 건 두어 해 전 행사에서 상을 받고 수상소감을 말할 때였다. 당시 신문사에 근무하던 그는 원래 사진작가였는데 살아남기 위해 글을 써야만 했다고 말했다. 천천히 약간은 더듬듯 쉬엄쉬엄 이어가는 그의 말투와 문득 말을 끊고 더 절실히 전하고 싶은 말을 대신하듯 손을 살짝 들어 올리는 제스처에서 무척이나 겸손하고 진솔한 느낌을 받았다.

 반가운 마음에 얼른 P선생의 글을 찾아 책을 폈다.「청소」라는 제목의 글이다. 회사에 다니다 다른 일을 하게 되었다는 소문을 들었는데 그 일이 잘 안된 것일까.

맨손의 남자가 할 수 있는 일은 그야말로 맨손으로 하는 일들뿐이다. 일에 귀천이 없지만 삶의 관성은 그 일들을 쉽게 허락하지 않았다. 대단히 고귀한 일을 하면서 살았던 것도 아닌데, 오십 년의 관성은 아직도 자신을 끔찍이 아끼고 있다.

청소를 한다고 했다. 호리호리한 몸매의 그는 옷깃을 반듯이 세운 흰 와이셔츠가 유독 잘 어울렸다. 청소라니, 아무래도 그에겐 안 어울리는 일이다. 그 몸으로 고단한 노동을 견딜 수나 있으려나, 걱정이 앞섰다. 그럼에도 내 눈은 그의 글을 따라갔다. 그는 낯선 집의 묵은 때를 걷어내는 일이 '묵은 나'를 걷어내는 일이며 멈추기 힘든 '관성'을 멈추게 하는 일이라 했다. 관성이라…, 쉬운 말로 하면 타성에 젖다, 매너리즘에 빠지다, 오랜 습관을 버리지 못하다, 등등이 있을 것이다. 그러나 그는 그런 부정적인 어휘를 비껴가면서 물리적 법칙을 들어 자신을 객관화하고 있었다. 사람들은 더이상 변화가 필요 없는 세상을 꿈꾸곤 한다. 변화하지 않으면 안 될 상황이 닥치지 않는 한 자신을 변화시키려는 경우도 드물다. 살아온 시간이 길수록 관성, 그것은 더 질기게 우리의 삶에 달라붙는다. 관성은 그 무게가 무거울수록 커진다. 재산이나 지위처럼 눈에 보이는 것뿐만 아니라 인격이나 교양처럼 어떤 무형의 것일지라도 그 무게에서 자유로울 수는 없다. '관성을 멈추게 하는 일'이란 그동안의 삶에서 궤도 이탈이다. 그게 얼마나 힘든 일인지는 나이가 들어본 사람들은 다 안다. 몸과 마음의 관성을 낯설어하는 자신의 모습을 그대로 온전히 바라보려는 그의 의지는 차갑지도 않고 따뜻하지도 않았다. 두렵다는 말을 썼지만, 그 두려움의 의미는 예사롭지 않았다.

언젠가 관성이 완전히 소멸하고, 새로운 관성을 부여받은 새로운 나를 시작할 수 있을까. 낯선 집과 처음 하는 일이 두려웠던 것은 낯선 집이 아니라 낯선 나를 만나야 하고, 집이 아닌 나를 청소해야 했기 때문이다.

P선생은 청소라는 외부적 활동을 통해서 자기 내부의 재조직을 시도하는 중이었다. 그 시간이 얼마나 걸릴까를 가늠하며, 나는 또 다른 한 사람을 떠올렸다.

오래전에 모임에서 만난 K는 전주의 큰 사업체 사장이었다.

어느 날 사업이 휘청거린다는 소문이 들릴 즈음 IMF 한파가 온 나라를 휩쓸고 지나갔다. 더이상 버틸 수 없었던 K가 모든 걸 접었다. 자기가 가진 것을 직원들에게 조금이나마 피해가 덜 가도록 다 내주고 자신은 그야말로 빈털터리가 되었는데, 어디로 떠났는지 소식을 알 수 없다는 말만 들려왔다. 사업이 망하겠다 싶으면 사장들이 미리 자기들 챙길 건 다 챙기고, 결국 사원들만 길거리에 나앉게 된다는 말이 흔하게 나돈다. 부자가 망해도 삼 년을 먹고 산다는 말도 있으니 그럴 듯하다. 그런데 K는 그 반대였다. 안타까웠지만 몇 해가 지나면서 잊혀졌다.

 서울로 이사하게 되어 이삿짐센터를 알아 보다 K가 포장이사업체 사장이 되었다는 것을 알았다. 사업을 접은 뒤 K부부는 무슨 일이든 닥치는 대로 해야 했다. 그런데 오십이 넘은 K부부가 할 수 있는 일은 거의 없었다. 그래서 이삿짐센터 일용 노동직으로 들어갔다. 둘 다 몸으로 하는 일은커녕 가사도우미를 두고 있어서 자기 집 청소도 별로 안 하고 살았을 터이다. 하지만 둘이서 열심히 일했고 몇 해가 지난 뒤 사장이 다른 일을 시작하면서 K에게 사업체를 넘겨주었다. 이제 어느정도 자리를 잡았다는데, 여전히 고객들을 직접 챙기고 일도 직원들과 똑같이 한다고 했다.

K에게 이사를 맡겼다. 이사하기 전날 짐을 차에 모두 옮겨 실어두었다가 다음날 새벽에 서울로 출발한다고 했다. 미리 서울에 온 나는 형님 댁에서 자고 아침에 차가 도착할 무렵 집으로 갔다. 직원들이 각 방마다 짐을 정리하기 시작했다. 주방엔 여자 직원이 능숙한 손놀림으로 장식장에 유리그릇과 도자기들을 챙겨 넣고 있었다. 뒤도 돌아보지 않고 일을 하고 있는데 다른 방에서 있던 직원이 주방을 향해 그녀를 불렀다.

"사모님~~" 뭐라 서로 이야기를 나누는데 대답하는 목소리가 귀에 익다. '사모님?' 나는 이야기를 나누고 있는 여자 직원에게 눈길을 돌렸다. K의 부인이다.

"아, 서울까지 직접 오셨네요. 오랜만에 뵈어요."

"많이 변했을 텐데 날 알아보네."

아닌 게 아니라 작업복을 입은 그녀의 모습은 성장하고 화장도 잘 마친 상태로만 만나던 때와는 많이 달랐다. 예전과 다름없이 일을 한다는 말을 듣긴 했지만 일용직일 때와 똑같이 하리라고는 예상하지 못했다. 그녀는 나와 잠시 이야기를 나누는 중에도 손을 멈추지 않았다. 장식장을 야무지게 정돈해 놓더니 냉장고를 정리하고 냉장고의 빈 서랍을 꺼내 구석구석 닦아내는 손길이 아주 능숙하고 꼼꼼했다. 대개는 꺼내

온 것을 그대로 집어넣어 주는 정도로 일을 끝내는데, 저들이 재기에 성공한 이유를 알 것 같았다. 물건들이 하나씩 제자리를 찾아가고, 드디어 이사가 마무리되었다.
"고마워요. 덕분에 이사 잘 마쳤네요."
나는 K의 부인을 태운 차가 시야에서 사라질 때까지 한참을 그 자리에 서 있었다.

다음에 만날 낯선 집은 어떤 모습일까. 무사히 다녀올 수 있을까. 나는 내일 다시 낯선 별에 간다.

P선생의 글은 "내일 다시 낯선 별에 간다"로 끝을 맺었다. 잠깐 그 삶의 무게가 무겁게 느껴진 것은 나의 선입견일 수도 있다. 무거워서 관성을 거스르는 일이 힘들겠지만 그냥 박수 쳐 주고 싶었다. 그가 말하는 '낯선 별'이란 낱말을 여러 번 음미했다. '낯선 별'과 '낯선 집'과 '낯선 자신'이 묘한 화음으로 변주되면서 정말로 나는 '낯선 별'을 여행하는 기분에 사로잡혔다.
삶에서 낯섦을 발견하는 어떤 순간, 당혹과 두려움과 궁금증이 증폭하고 또 감각과 의식이 생생하게 살아나며 예민해지는 그런 순간은 누구라도 한 번쯤 경험한다. 누구는 짧게 누구는 좀 더 길게, 또 어떤 경우엔 고통과 두려움으로, 어느 경우엔 호기심과 즐거움으로 마주치겠지만, 누구라도 그런 낯섦의 순간을 피해 갈 수는 없다. 만약 그런 순간을 깊이 응시하고 머무를 수 있다면 좀 다른 의미로 축복일 수도 있을 것 같다. P선생이 지금 그런 것은 아닐까. 그의 글은 내게 슬픔보다는 어떤 신비한 빛처럼 어른거렸다. 그의 용기와 새로운 각오가 멋져 보이는 건 나의 낭만적 몽상 때문만은 아닐 것이다.

 삶의 깊이와 향기는 낯섦으로부터 얻어지는 것인지도 모른다. 어찌 보면 익숙하다는 느낌 자체가 무지와 무딤의 징표일 수도 있다. 진실한 삶의 감각은 그 예민성에 있을 것이므로.

 책을 덮고 거실 창문을 열었다. 연한 봄볕에 바람이 순하다. P선생 덕분에 나 또한 잠시 낯선 별을 향하여 한 발짝 나서는 느낌이다.

제4부

들어줘서 고마워요

친구 아들의 결혼식 날, 여유롭게 길을 나서긴 했지만 예식장에 도착한 시각이 너무 일렀다. 친구 부부와 신랑을 만나고 신부에게 인사를 마쳤는데도 예식이 시작되려면 한참을 기다려야 했다. 앉아있을 만한 곳도 없어 홀을 서성거리다가 홀 저쪽 식당이 눈에 들어왔다. 아침 식사를 든든하게 하고 나온 데다 시간도 일러서 예식만 보고 올 작정이었는데 어쩔 수 없이 식당으로 들어갔다. 식당엔 아직 사람들이 많지 않았다. 큰 테이블에 혼자 앉아 식사하고 있는 한 부인이 눈에 들어왔다. 저 사람도 나처럼 혼자 온 모양이다. 나는 음식 접시를 들고 그 부인이 앉은 테이블로 가서 앉으며 가볍게 눈인사를 했다. 부인은 마침 잘 되었다는 듯 반갑게 나를 맞이했다.

"어느 쪽 하객이세요?"

"신랑요."

"그래요? 난 신부 쪽이에요."

부인은 신랑이 키도 훤칠하고 잘생겼더라고 칭찬을 한다. 신부도 인물도 좋은데다 유명 대기업 과장이란다. 신랑 신부 신상 이야기가 얼추 끝나고, 결혼할 때 마음과 똑같이 살면 불행한 부부는 없을 거라는 둥 인생 이야기까지…, 처음 만난 사람과 예의로 몇 마디 나눈다고 하기엔 수다가 길어지고 있다. 나도 심심하던 차여서 장단 맞추며 듣고 있는데, 문득 그녀가 자부심이 가득한 표정을 지으며 말을 잇는다.

"난 남편하고 잘 맞아서 참 좋아요."

그녀는 남편과 행복하게 살려면 어떡해야 하는지에 대해 말을 이어갔다. 그녀의 행복론에 섞인 남편 자랑이 길게 이어지고 있다. 그렇게 행복한 사람이 왜 굳이 만난 지 5분된 나를 붙잡고 자랑을 할까. 이 부인은 어떤 결핍이 있는 건 아닐까? 은근 심사가 꼬이는 게, 결핍은 내게 있는 것인지도 모르겠다.

접시가 비었다. 음식을 더 가져와야겠는데…. 이러다 제대로 먹지도 못하고 나가겠다. 나는 음식을 가지러 가야겠다는 몸짓을 했다.

그때, 이제껏 힘주어 이야기하던 부인의 목소리가 맞나 싶게 가느다란 소리가 한숨처럼 흘러나왔다.

"행복하게 살려면 누군가 져 줘야 해요. 우리 남편이 너무 강해서 내가 평생 져줬거든요."

나는 일어나려다 말고 다시 자리에 앉았다. 아니, 잘 맞아서 좋은데 평생 져줘야 했다고? 부부가 투쟁 상대는 아닐 터이니 누가 이기고 지는 게 무슨 상관이 있을까만, 잘 맞는 거와 평생 져준다는 게 의미가 같을 수 있나? 그러면서 행복한 게 가능한가?

서울에 온 지 얼마되지 않을 때다. 지하철을 타고 친구를 만나러 가고 있었다. 그 땐 낯선 사람들하고 몸 부딪혀 가며 다니는 것이 익숙하지 않아서 몹시 불편했다. 반듯이 앉아 앞만 보고 가고 있는데 옆에 앉아있던 노부인이 말을 걸었다.

삼십 분이 넘는 시간 대부분을 노부인은 자기 자식 공부 잘했던 이야기와 성공한 이야기, 며느리 사위 잘 얻은 이야기를 했던 것 같다. 얼굴엔 자부심이 흘렀다. 나는 고개까지 끄덕이며 최대한 예의 갖춰 듣긴 했지만 이런 이야기를 나한테 왜 하나, 왜 듣고 있어야 하나 싶어 은근히 짜증이 났다. 그런데 그렇게 한참 이야기를 하던 노부인이 혼잣말인 듯 문득 한마디를 흘린다.

"이제 모두 제 살길 찾아 떠나고…, 집에 들어서면 아무도 없어요."

내가 할 말을 찾지 못해 잠시 머뭇거리고 있는데, 이제 다 왔다며 노부인이 일어섰다. 나는 가볍게 인사를 했다.

노부인이 한 걸음 앞으로 가다가 다시 내 쪽으로 돌아왔다. 내게 살짝 몸을 기울이고 내 손등에 손을 얹으며 나지막이 한마디를 건넸다.

"말 들어줘서 고마워요."

갑자기 정신이 바짝 들었다. 나는 그저 싫은 내색을 하지 못해 무성의하게 흘려들었을 뿐인데. 노부인의 외로움이 그제야 느껴졌다. 자기가 잘못 산 게 아니라는 위로, 혹은 확신을 누군가에게, 아니 자기 자신에게 받고 싶은 것이었던 걸. 그 후로 한동안 지하철을 타면 '말 들어줘서 고맙다던' 노부인이 생각나곤 했다.

이 부인은 어떤 마음일까? 나는 겨우 가져온 접시가 다 비도록 부인의 남편 자랑을 들어야 했다. 이 부인도 말을 들어줘서 고맙단 생각을 할까? 하긴, 그러고 보니 나도 요즈음 친구들과 얘기 나누다 보면 수다가 끊어지지 않을 때가 있다. 모임이 끝날 때쯤에야 문득 너무 말이 많았나 싶어 후회하고, 그러다 혹 실언이라도 했다 싶은 날엔 집에 돌아오면서 발등을 찍곤 한다. 혼자 있는 시간이 많아지면서 생긴 현상인가?

　시간이 되어 식장으로 들어갔다. 행복하게 활짝 웃고 있는 신랑 신부의 모습이 사랑스럽다. 이 아이들은 아무나 붙들고 말을 하고 싶은 날이 오지 않기를, 오래도록 행복하게 살기를, 기원했다.

(2020 에세이스트 올해의작품상 수상작)

누구를 위한 일일까

밤새 쏟아붓던 장대비가 멈추고 가는 비가 오락가락하더니 아침이 되자 날이 개었다. 다행이다. 엄마 때문에 나서는 길인데 날이 좋지 않았으면 엄마가 또 얼마나 불편해하셨을까.

며칠 전 동생에게서 전화가 왔다.
"누나, 엄마가 더는 혼자 사는 게 버겁다고 요양원 가겠다고 하시네. 마침 TV에서 요양원 소개하는 걸 보셨는데 목사님이 운영하신다나 봐. 괜찮은 것 같다고, 한번 가보고 싶으시대. 일단 가보기는 하는 게 맞을 것 같아."

나에게는 별말씀 없으셨는데. 반대할까 봐 그랬나? 엄마는 누구에게든 폐를 끼치는 걸 극도로 싫어하신다. 그건 자식들에게도 마찬가지여서 동생네 근처에 사시면서도 동생 내외가 드나들며 반찬거리나 청소를 도와주는 것도 미안해하신다. 그러니 동생 집으로 들어가는 것은 아예 엄마에겐 고려 대상조차 될 수 없다.

나는 엄마께 전화했다.

"벌써 요양원에 들어가시게?"

"혼자가 편해. 다 늙은 노인이 젊은 사람들 불편하게 하면 되겠냐. 요양원에 일인실 있다니까 어떤지 한번 가 보자."

엄마의 의지는 확고했다.

동생네와 요양원에서 만나기로 하고 길을 나섰다. 서울을 벗어나서 한적한 계곡을 따라 나 있는 길은 내 시선을 사로잡았다. 비가 많이 온 뒤라 한여름의 짙푸른 나무들은 한껏 물을 머금어 더욱 풍성했고, 하얀 거품을 내며 흐르고 있는 물줄기가 신선했다. 나는 이런 길을 참 좋아해서 마음속에 번민이 생기면 길을 나서곤 했다. 아름다운 길을 따라가다 보면 나를 옥죄던 답답증들이 사라지고 어느새 자유로워졌다. 그런데 지금은 번민이 씻기는 게 아니라 오히려 번민이 쌓인다. 차로 한 시간도 더 걸리는 이 먼 곳에 엄마를 모신다는 게 맞는 걸까?

포천에서도 한참을 더 지나서야 요양원 안내판이 보였

다. 간판을 확인하고 들어가려는데 갑자기 높은 비탈길이 나타났다. 잠시 머뭇거리는데 동생이 주차하고 있는 게 보였다. 나도 주차할 곳을 찾으며 앞에 있는 건물들을 올려다보았다. 산의 중턱까지 이어지는 비탈길 사이에 드문드문 건물 몇 채가 들어서 있다. 이런 급경사지에 요양원이라니. 나는 비탈을 오르는 것을 그만두고 다시 평지로 내려가 주차했다.

"누나, 잘 왔어?"

"응. 지금까진. 근데 이 비탈길은 당혹스럽다. 요양원이 저 위라는 거잖아."

"사무실 직원이 저 건물로 오라네."

동생이 가리키는 곳을 올려다봤다.

"에휴, 엄마가 걸어서는 절대 못 갈 길이네. 차로 가야겠다. 괜찮아? 내가 운전할까?"

"내가 해야지."

나는 동생네 식구와 엄마가 타고 있는 동생 차에 끼어 앉았다. 동생도 경사진 길을 운전하기가 부담스러운 듯 조심스럽게 올라갔다.

사무실로 들어갔다. 잠시 뒤에 원장이 나와서 안내를 해

주었다. 모든 방들이 좀 작긴 했지만 일인실이다. 매일 아침 예배가 있고 요양원 내에 교회가 있어서 원하는 사람들은 언제든지 예배에 참여할 수 있단다. 교회로 들어가 보았다. 생각보다 깔끔하고 잘 정돈되어 있다. 엄마는 편히 교회에 다닐 수 있다는 것에 매우 흡족해하셨다.

"가서 생각해 보고 마음 결정되면 연락드릴게요."

우리는 각자의 마음속에 여러 가지 상념들을 담아둔 채 요양원을 나섰다.

"이제 밥 먹으러 가자."

근처의 음식점을 찾아갔다.

"돈은 내가 낼게. 나 때문에 시간 뺏기고 수고했는데 밥이라도 내가 사야지."

엄마의 선언이다.

"아이고, 엄마. 어르신한테 밥값 내게 하면 남들이 욕해요."

얼추 식사가 끝나갈 즈음 동생이 카드를 들고 일어서더니 이내 계산을 마치고 돌아왔다.

"벌써 계산했어? 내가 사려고 했는데…."

"아니, 이거 엄마가 준 카드야."

암튼 대단한 엄마에 대단한 동생이다. 동생은 효도란, 엄마가 하고 싶으신 대로 따르는 거라 믿는 사람이다. 그러니까 돈을 내겠다고 하시면 내게 해드리는 게 효도라는 것이다. 아마도 그래서 엄마는 형제들 중 동생을 제일 편하게 생각하시는 것일 게다.

"엄마, 그럼 커피도 사주라. 이런 예쁜 곳에 와서 분위기 좋은 카페 한 곳 안 들르고 간다는 건 말이 안 되거든."

"그래. 그러자."

우리는 산정호수에 들러 가벼운 산책을 하고 카페에 갔다.

차가 멈추자 엄마는 동생 차에 있던 트렁크를 내 차로 옮기라 하셨다.

"형님, 어머니가 트렁크를 챙기시기에 형님 댁에 며칠 계시려나보다 했더니, 형님한테 줄 옷가지 몇 개 챙겼다고 그러시네요."

아무튼 못 말리는 우리 엄마. 이번에 요양원 들어가면 다시는 안 나올 요량으로 짐을 정리하고 있다더니 옷까지도 남김없이 버릴 작정이신 게다. 짐을 옮긴 뒤 카페에 들어가 잠시 시간을 보내고 우리는 자리에서 일어났다.

길을 따라 집으로 향했다. 혼자 있는 시간이 되자 다시 생각이 많아졌다. 가슴이 답답해 온다. 아직 건강하신데 벌써 요양원이라니. 미안함과 불편함이 오는 내내 계속되었다.

이튿날 엄마께 전화를 걸었다.

"엄마, 요양원 가지 말고 우리 집에 와있으면 안 될까? 정 아니다 싶으면 그때 가면 되잖아."

전 같으면 말도 못 꺼내게 펄쩍 뛰었을 엄마가 얼른 대답을 안 하는 것이 마음이 흔들리시는 게 분명하다.

"우리 둘 다 아주 편하진 않을 거야. 가급적 각자 알아서 사는 걸로, 어때?"

"그래볼까~?"

며칠 들러 가신다면야 상관없지만 오래 계시려면 편하게 지낼 수 있게 해 드려야 할 텐데….

마침 아들이 집에 들어왔다. 조심스럽게 아들에게도 물어 본다.

"할머니랑 같이 살면 어떨까?"

"나야 대찬성이지. 그럼 방을 어떻게 해야 하나? 피아노 방에 있는 책장만 빼면 괜찮을 것 같은데. 책장은 내 방으로 옮겨 넣고, TV 한 대 사서 이쪽으로 놓고."

아들은 방을 둘러보며 말을 했다.

"네 방이 답답해지지 않겠니?"

"좀 좁아지기야 하겠지만 괜찮아. 이쪽이 비어 있으니까 여기 두면 될 것 같아."

나는 아들 방으로 가서 어림으로 벽면을 재어봤다. 충분하겠다.

"세 면이 책장으로 둘러싸인 서재를 갖는 게 소원이라는 친구도 있는데, 네 방이 딱 그렇게 되겠네."

엄마께 전화했다.

"엄마 방 준비해 둘게."

"아이고, 그러지 마라. 절대 나 때문에 뭐 하지 마. 가더라도 얼마나 있을 거라고. 게다가 아직 네 집에 가겠단 결심 못 했어. 집에 와서 생각하니까 요양원이 산꼭대기에 있어서 옴짝달싹 못 하겠다 싶은 게, 징역살이가 따로 없겠더라. 갑갑했는데 네가 그렇게 말해주니 고마워서 잠시 그럴까 했던 것뿐이야."

이제 못 이기는 척 자식한테 기대도 좋을 것을…. 나는 엄마와 함께 살 수 있을지, 엄마와 같이 살겠다고 한 나의 말이 진심이었는지 다시 생각해 보았다. 분명 몇 번을 다시 생각해 보아도 진심이다.

그런데 그게 나를 위한 일인지, 엄마를 위하는 일인지는 좀 헷갈린다. 내가 엄마를 모시는 게 오히려 엄마를 더 힘들게 하는 건 아닐까. 사실 우리 집에 오시라고 한 건 엄마가 벌써 요양원에 가시는 것을 내가 볼 수 없어서다. 그러니까 순전히 나 편하자고 했던 말이다. 엄마도 나도 둘 다 워낙 독립적으로 살아온 데다 그리 살가운 편도 아니어서 분명 혼자 계실 때처럼 편하지는 않을 것이다. 엄마는 우리 집에 오셔서 오히려 객처럼 겉돌지도 모른다. 엄마가 주인이라고, 아무리 마음대로 하시라 해도, 설령 엄마한테 안방을 내어드린다 해도 그것은 엄마를 더욱 불편하게만 할 게 틀림없다. 괜스레 서로 상처받고 사이만 나빠지면 어쩌지? 우리 집으로 모시는 것이 엄마를 정말로 위하는 것일까?

나는 이런저런 생각을 접어두고 일단 책장을 옮겼다. 책장 아래 손이 닿지 않았던 곳을 걸레로 힘주어 닦고 부산스레 청소를 다 마쳤는데, 이상하다. 커다란 책장 두 개가 빠져나갔는데도 방이 영 좁게 느껴지는 것이 만족스럽지 못하다. 이 방에 엄마를 모셔도 되는 건가? 위풍당당하던 이 층 양옥집의 '안방마님'이었던 우리 엄마의 모습이 아직도 선한데.

얼마 지난 후 엄마에게서 전화가 왔다.

"나 요양원에 들어가기로 했다. 평지에 있는 요양원 다시 알아 봐놨다. 가서 잘 살고 있을 테니 내 걱정 말아라."

　엄마 목소리는 밝으면서도 단호해서, 그 결심을 돌릴 수 없다는 것을 느꼈다. 그래, 엄마가 원하는 걸 해드리는 게 맞겠지. 그것이 엄마를 위한 일이겠지 생각하면서도 마음 한 켠이 쿡쿡 찌르는 것처럼 쓰렸다. 하지만 내색하지 않고 나 역시 밝게 대답했다.

　"그래요, 내가 자주 갈게, 엄마."

그 시절의 지란지교(芝蘭之交)

 방으로 들어와 책장을 들여다보았다. 책장 안에는 수학 책들이 가득하다. 삼십 년이 넘도록 나를 따라다니고 있는 내 전공 책들이다. 매사에 미련이 많은 편이 아닌데 유독 이 책들은 버리지 못했다. 나의 가장 좋았던 날들을 통째로 버리는 것 같아서다. 사실 이사 할 때를 제외하고, 아니 이사 할 때조차 이삿짐센터 직원이 대강 책꽂이에 끼워주고 가면 다시 정리를 조금 했을 뿐 거의 손을 댄 적도 없다. 그럼에도 불구하고 문득 책장 안에 눈길이 닿으면 나는 그나마 열심히 살았다 싶은 내 젊은 날의 추억을 붙들고 행복해했다. 그러면서도 한편으로는 이제 책을 버려야겠다는 생각도 같이하긴 했다. 젊은 날의 추억을 붙들고 살기에는 내 나이도 많아졌고 짐도 줄여야 할 것 같아서다. 하지만 적어도 다음 이사 때까지는 버릴 생각이 없었는데…. 책들을 만지작거리며 옛 추억을 되새기다 마침내 결심했다.

'버리자. 이만하면 오래 간직했지, 뭐.'

 책장 앞에 섰다. 그런데 막상 책을 꺼내려니까 또 섭섭하다. 마음을 다잡고 사진을 찍었다. 여기저기에 사진을 올리며 '내 젊은 날과 이별을 고한다'고 문자를 보냈다. 아쉽다는 친구, 왜 버리냐는 친구, 시원하다는 친구들까지 역시 자기의 스타일대로 반응이 왔다.

 드디어 책장을 비우기 시작했다. 맨 윗줄에 있는 내 논문을 꺼냈다. 이제는 다 잊어버려서 그걸 쓴 나조차 읽기 어려운 책이다. 영어로 쓴 본문은 말할 것도 없고 맨 앞장 한글로 된 요지문도 무슨 말인지 모르겠다. 그래도 이거 한 권은 놔둘까? 마지막 미련이 끝내 나를 붙들어 몇 번을 만지작거리다 그냥 두기로 했다. 그 옆에 있는 원서들도 꺼냈다. 수학과인데 웬 원서로 수업을 했는지 몰라. 책을 꺼내면서 책갈피 사이에서 흘러나오는 내 문제풀이 메모쪽지나 친구들이 보내 준 엽서들을 챙겼다. 하나하나 읽어보며 책을 꺼내자니 책을 꺼내 놓는 것만 해도 시간이 길게 걸렸다. 그러다 노트 사이에 몇 겹으로 접어진 채 꼽혀있는 빛바랜 종이 한 장이 눈에 띄었다. 모퉁이가 누렇게 변색되고 접혀진 부분에 스카치테이프로 다시 마무리를 한, 도화지 세 장을 이

어붙인 것보다 더 큰 종이다. 내가 종이 한 면을 열자 모퉁이에 겨우 붙어 달랑거리던 스카치테이프가 부스스 떨어져 나왔다. 조심스럽게 종이를 펼쳤다.

유안진의「지란지교(芝蘭之交)를 꿈꾸며」전문이다. 한때 이 수필 엄청 유명했는데. 책에 그다지 관심이 없던 나도 이 글이 들어있는 책을 사서 읽고, 수업시간에 학생들에게 읽어주기까지 했다. 이런 친구 한 명 있었으면 좋겠다는 희망을 품었고, 어떤 친구가 이런 친구일까 생각하며 주변에 있던 친구들을 저울질했고, 반대로 내가 누군가에게 이런 친구가 되어 줄 수 있기를 소망했다.

한 자 한 자 정성을 다해서 쓴 정갈하고 반듯한 필체다. 그런데 이걸 누가 써줬지? 이걸 언제 받았을까? 죽 아래로 눈을 내렸다. '천 구백 팔십 육년 사월 오일, 애란이가 태어난 날을 기념하여' 그러니까 1986년 내 생일 선물로 써주었구나. 그땐 내가 대학에서 조교로 근무하면서 막 강의를 시작하던 때다. 그때의 내 상황이 그대로 펼쳐지는데 도무지 이 글을 써준 친구가 생각이 나질 않는다. 누구더라. 나에게 이런 선물을 해줄 친구가. 내 이름은 제대로 써놓고선 자기 이름은 이니셜로만 쓰다니. 써준 사람을 기억해 내려고 아무리 머리를 굴려도 도무지 오리무중이다.

그러다 문득, 기억 속에 한 얼굴이 떠올랐다. 맞아, 그 친구다. 무척이나 책읽기를 즐기고 글쓰기를 좋아해서 메모할 노트를 항상 손에 지니고 있었지. 필체도 좋았고 글씨 쓰는 것도 좋아해서 펜글씨나 붓글씨로 예쁜 엽서에 시를 써서 나눠주곤 했다. 그는 지금도 글을 쓰고 있을까? 내가 글을 쓰고 있는 걸 알면 깜짝 놀라고 반가워해 주었을 것을. 아차, 그런데 그는 직장동료라 애란이라고 불렀을 리가 없다. 친한 동료끼리도 호칭은 선생님이었으니까. 특별히 이름을 불렀을 만큼 친하게 지냈을까? 자신 없다. 그럼 누굴까? 대학 동창들 얼굴을 쓱 머릿속에 펴본다. 수학과 친구 중에 누가 글씨 쓰고 수필 읽는 걸 좋아했을까. 어느 한 친구가 어른거리기도 하고 아닌 것도 같고.

다시 한번 종이를 펼쳐 들었다. 이렇게나 정성스럽게 글을 써 준 사람을 기억조차 못 하다니. 너무나 미안해서 또다시 이니셜을 보고 추정을 하느라 애썼지만 내 머릿속은 점점 더 미궁 속으로 빠지고 말았다. 어쩔 수 없다. 기억해 내는 건 무리다. 나의 무심함을 탓하다가, 세월을 탓하다가. 그런데, 그 친구도 지금쯤 나에게 이런 글을 써 준 사실조차 잊었겠지? 싶어서 미안함을 슬며시 서로의 망각 속에 구겨 넣었다. 적어도 그 시절의 우리는 지란지교를 꿈꾸었다는 것으로 혼자서 급한 마무리를 지었다. 더 이상 생각하기를 포기하고 나니까 마음이 편해졌다. 설령 억지로 기억해 내고 그 친구를 찾아 다시 만난 들, 잠시 반가울 수는 있겠지만 우리의 젊은 날을 기억해 내는 것 말고 뭘 더 할 수 있을까. 서로를 위한다는 건 서로를 구속하지 않는다는 것. 우리는 젊은 날의 어느 소중한 시간을 함께 했고 이제는 잊음으로써 서로에게 자유로워진 것이다.

내 젊은 날을 잃어버리지 않겠다고 수십 년 동안 책을 끌고 다녔는데, 정작 그때를 함께 했던 사람들은 그렇게 보냈다.

책을 꺼내는 시간이 짧아졌다.

그게, 아마도…

1

몇 해 전부터 추석 명절에 넷째 시숙께서 운영하시는 식당에서 식구들이 모인다. 식사를 마치고 이런저런 이야기를 나누던 중이었다.

내가 결혼한 지도 서른 해가 넘었고 모두들 이제는 나이가 많이 들었다. 그래서인지 자연스럽게 화제가 우리가 죽은 다음 산소를 어떻게 할 것인지로 흘렀다.

문득 시누이가 한마디 한다.

"난 장씨 집안에 묻히고 싶지 않아. 장씨 문중에 안 들어갈 거라고. 내가 죽어서까지 장씨한테 휘둘려야겠어?"

막내로 오빠들의 사랑을 한 몸에 받고 살아온 시누이다. 오빠들 앞에서, 남편과 시댁을 벗어나 자유로워지고 싶다는 투정을 한 것이다. 목소리도 밝고 호탕한 성격의 시누이의 얼굴이 오늘따라 더 당당해 보인다. 오빠들이 따뜻한 시선을 보내며 웃어준다. 그런데 옆에서 듣고 있던 나의 입에서 나도 모르게 짧은 한마디가 불쑥 튀어나갔다.

"나도."

순간 식구들의 표정이 멈칫한다. 아차, 지금 내가 무슨 말을 했지? 나는 당황했다. 아무리 시댁 식구들이 편하다고 해도, 시누이가 제 오빠들에게 투정하는 걸 내가 따라하고 말았으니…. 나는 무슨 말이라도 변명을 덧붙여야 했다.

"뭐, 대부분 여자들은 그러지 않을까요?"

쌩하고 바람이 부는 분위기와 묵묵부답. 처음보다 더 냉기가 도는 것이 이걸로는 사태 해결 부족이다.

"아니 그냥, 좋고 싫은 감정의 문제가 아니라, 죽어서는 살아있을 때와는 뭔가 다르게 자유롭고 싶다는 생각, 그러니까 훨훨 바람에 날아다니고 싶다거나 먼 바다를 떠다니고 싶다거나…."

변명하려다 보니 말이 두서없이 길어진다. 시누이에게 눈길을 보내며 SOS를 청했다.

"그치?"

"그럼~, 우리 죽어서나 자유롭자고."

다행이다. 그러는 사이 이야기의 주제가 다른 것으로 바뛰었다. 나는 도망치듯 자리를 빠져나왔다.

그나저나 그게 내 진심이었나? 그게…, 아마도….

2

젊은 친구들이 명절에 친척집에 가길 싫어하는 이유는 어른들의 고정적인 잔소리에서 벗어날 수 없기 때문이라 한다. 취직하면 결혼해야지, 결혼하면 애 하나는 낳아야지, 애 하나 낳으면 둘은 있어야 외롭지 않지…. 그 모든 것을 다했다 해도 새로운 잔소리들이 관심 혹은 사랑이라는 이름을 빌어 계속되지 않을까.

이번 추석의 고정 잔소리는 시누이의 입에서 나왔다. 결혼이 늦어지고 있는 딸을 향한 타박이다.

"에휴, 네가 결혼 못 하고 있으니 내가 속이 타서 죽겠다. 내년에도 결혼 못 하면 나는 죽어버리고 말 거야."

"잔소리는 엄마만 할 테니, 다른 사람은 잔소리하지 말라는 경고인 거지?"

나의 말에 열을 올리던 시누이와 옆에 있던 조카가 까르르 웃는다. 시누이는 딸이 일에 묻혀 사느라 데이트할 시간도 없으니 어디 결혼이나 할 수 있겠냐는 하소연이다.

조카 나이가 어느덧 서른 초반이 되었다. 조카는 웬만한 배우 뺨치게 예쁜 외모에 외국계 회사에서 꽤 많은 보수를 받으며 안정적인 일을 하고 있다. 최근에 또 승진까지 했단다.

"아까워서 결혼을 어떻게 시키려고. 인물 좋고, 능력 좋고."

나는 진심으로 말했지만 시누이의 얼굴엔 걱정이 한가득이다.

우리 교회 성가대에 예쁘고 멋내기를 아주 좋아하는 서른 넘은 아가씨들이 여럿 있다. 그 아이들을 보면서 결혼을 했더라면 절대 나올 수 없는 미모라는 생각을 하곤 한다. 결혼하는 건 일단 새로운 관계 속에 들어가야 하는 거라, 자기를 꾸미고 자신에게만 집중하기 어려우니까. 그렇다고 결혼을 하지 말라고 할 수는 없지만, 그 예쁜 시간을 마감해야 한다는 건 아쉽고 아깝다는 생각이 들곤 했다. 정말 결혼은 예전과는 다른 생활을 인정하고 양보하며, 때론 희생해야 하는 것을 감수할 수 있을 때 하는 게 맞는 것 같다.

"나는 아이들에게 결혼하라고 등 떠밀 생각은 없어. 저 하고 싶을 때 하는 거지. 감당할 수 있을 때. 뭐 안 해도 괜찮다는 생각도 들고."

내 아이들이 아직 어려서 여유를 부리고 있는 것일 수도 있지만 어쨌건 지금은 진심이다.

"와. 숙모, 쿨한데요?"

조카가 만족해하면서 웃는데, 옆에 있던 큰집 조카가 곁에 있던 자기 아이들을 무릎에 끌어 앉히며 말을 한다.

"이구, 작은 엄마. 혼자 살면 외로워서 어쩌라고요."

순간 나도 모르게 입에서 한마디가 쓱 튀어나왔다.

"결혼했다고 외로움이 없나?"

"헐~ 숙모. 술 한 잔 가져와야 하는 거 아니에요?"

조카는 진짜 술을 가지러 일어날 태세다. 아차! 내가 지금 무슨 말을 뱉은 거지? 또 실언이다. 소파에 앉아서 담소를 나누던 시어른들의 시선이 나에게로 향하는 게 느껴진다. 이걸 또 어떻게 주워 담나….

"그게 아니고…, 그러니까 내 말은, 인간이란 원래 외로운 존재라는 거지. 외로움은 근원적인 거라 다른 사람을 통해서 얻을 수는 없다, 뭐 이런…. 다 그렇지 않나?"

시어른들의 얼굴에 전혀 공감할 수 없다는 표정이 흐른다. SOS를 치기 위해 주변을 둘러보았으나 대충 내 말에 고개 끄덕여주던 시누이도 안 보이고…. 마침 조카가 과일을 가져오려고 일어나려는 걸 굳이 앉히고 얼른 자리에서 일어났다. 휴, 다행이다. 시댁에 와서 외로움 타령이라니, 아무래도 나는 시댁이 너무 편한가 보다.

그나저나 그게 내 진심이었나? 그게…, 아마도….

보낼 준비할 시간

"누나, 이제 우리에게 남은 건 엄마와 시간을 함께 보내는 일인 것 같아. 우리 어디 여행이라도 다녀오자. 가능한 빨리. 어쩌면 이제 엄마한테 여행이 의미 없어질 수도 있으니까."

"그러자."

동생의 제안에 곧바로 1박 2일 강촌 여행 일정이 잡혔다. 구곡폭포 아래 식당에서 만나 이른 저녁을 함께하기로 했다.

약속해 둔 음식점으로 갔다. 동생네 세 식구와 엄마가 막 도착해서 자리를 잡고 앉는 중이다. 식당주인 할머니가 동생네를 반갑게 맞이하고 있다. 동생네가 자주 들르는 집이란다.

"할머니~ 보고 싶었어요."

"응."

딸이 엄마를 껴안으며 살갑게 인사를 하지만 엄마의 대답은 단답형이다. 손녀딸을 바라보는 엄마의 얼굴에 얼핏 미소가 떠오르나 싶다가 곧 무표정해진다. 딸과 나는 엄마 옆에 나란히 앉았다. 푹 고아진 닭백숙이 일품이다. 주인 할머니는 우리가 엄마를 모시고 온 걸 아주 대견해 하면서 자꾸 먹을 것을 더 가져다주신다. 연세가 아흔 다섯에 투석한 지 삼십오 년이나 되었다는데, 걷는 게 약간 불편해 보일 뿐 말소리나 표정에 힘이 있다. 당신이 직접 만든 음식을 손님들이 잘 먹는 걸 보는 것이 즐거워서 지금껏 일을 계속 하신단다. 마음 써 주시는 게 고마워서 배가 부른데도 가져다 준 접시들을 다 비웠다.

 식사를 마친 후 리조트로 갔다. 동생이 해가 남아있을 때 멋진 곳을 보여주겠다며 산책하자고 한다. 리조트 건물을 지나 조금 걸었다. 조경이 잘 갖춰진 제법 큰 규모의 공원이 보인다. 공원 가운데 있는 호수에는 하얀 구름과 파란 하늘이 사이좋게 내려앉아 있다. 호수를 따라 나 있는 길을 앞서거니 뒤서거니 하며 걸었다. 어느결에 옆에 온 딸과 팔짱을 끼었다. 몇 걸음 앞에서는 올케와 조카가 손에 깍지를 끼고 도란거리며 가고 있다. 뒤를 돌아보았다. 저만치에서 동생이 엄마의 손을 꼭 붙잡고 엄마 걸음에 맞춰 느리게 걸어오고 있다.

"그럼 좋다. 각자 자기 엄마들 잘 챙기고 있네."

엄마를 동생에게만 맡겨두나 싶은 마음에 괜스레 너스레를 떨었다.

산책을 마치고 리조트로 들어왔다. 마주 보고 자리 잡은 숙소 두 개 중 하나는 동생네가, 다른 하나는 나와 딸과 엄마가 쓰기로 했다. 잠시 후에 다시 만나기로 하고 각자 숙소로 들어갔다.

나는 침대 사용이 어려운 엄마를 위해 거실에 얼른 자리를 폈다. 엄마는 자리에 눕더니 이내 잠이 드셨다.

잠시 후 동생네가 왔다. 올케가 챙겨온 과일과 과자를 식탁에 늘어놓고 앉았다. 가끔씩 우스갯소리도 하고 까르륵 대기도 했지만 대부분 엄마 건강에 대한 걱정으로 시간을 보냈다.

얼마 전 눈이 갑자기 잘 안 보인다는 엄마의 말에 동생이 병원으로 모셨다. '거대세포동맥염'이라나, 평생 듣도 보도 못한 병이다. 곧바로 입원하고 치료를 시작했지만 엄마는 결국 한쪽 눈의 시력을 완전히 잃었다. 아직도 수시로 열에 들뜨거나 기력을 잃으시고 염증 수치도 높아 다른 눈도 안심할 수 없는 상태라 노심초사하고 있다.

마음도 심란하고 수시로 엄마의 상태를 지켜보느라 거의

뜬눈으로 밤을 새웠다. 새벽녘에 설핏 잠이 들었나 싶은데 어느새 아침이다. 느리게 몸을 일으켜서 거실로 나갔다. 곤히 주무시고 계신 엄마를 살폈다. 상태가 더 나빠진 것 같진 않아 보인다. 다행이다. 욕실로 들어가 뜨거운 물에 몸을 담갔다. 밤새 긴장했던 몸과 마음이 조금 편해지는 듯하다.

목욕을 마치고 나왔다. 엄마가 일어나 계시기에 목욕할 건지 여쭈었더니 좋다고 하신다. 따뜻한 물을 받아 몸을 씻어 드렸다. 연세가 드셔도 꼿꼿하기가 젊은 사람들 못지않았던 엄마의 등이 언제 이렇게 구부정해졌을까. 굽은 등을 따라 내려가는 나의 손이 뿌옇게 흐려졌다. 목욕을 마치고 대강 옷을 입혀 드린 뒤 탕 밖으로 나오시게 하려는데 도무지 일어나지 못한다. 결국 동생이 와서 힘을 보탠 후에야 겨우 나오실 수 있었다. 엄마께는 목욕도 무리였나 보다. 거실로 돌아온 엄마는 쓰러지듯 자리에 누우셨다.

아침 식사하러 갈 시간, 엄마를 살펴보던 동생이 말했다.

"내가 남을 테니 얼른 식사하고 와. 엄마가 식당에 다녀오는 건 어려울 것 같네. 먹을 것 있으니까 일어나시면 엄마 챙겨드리고 나도 먹을게."

어쩔 수 없이 우리끼리 식당으로 가면서도 발걸음이 무겁다. 그런데 맛깔스럽게 잘 차려진 뷔페 음식을 보니 언제 그랬나 싶게 식욕이 인다. 야채볶음, 불고기, 연어회 등 음식들을 맘껏 가져오고, 과일과 커피까지 다 챙겨 먹었다. 자리에서 일어날 때쯤에야 엄마와 동생에게 슬며시 미안해진다.

방으로 돌아왔다. 동생은 엄마와 식사를 했다는데 엄마는 내가 나가기 전과 똑같은 모습으로 누워계신다. 주무시는 건지 그냥 까라진 건지. 엄마의 얼굴을 한참 들여다봤다. 공연히 우리 마음 편하자고 고생만 시켜드린 건가. 동생 말처럼 이제 엄마에게 여행이란 게 의미가 없는지도 모르겠다.

체크아웃 시간이 되어 숙소를 나왔다. 엄마와의 짧은 여행이 끝났다. 동생네와 엄마는 춘천으로, 딸과 나는 서울로 출발이다.

서울에 다 왔을 즈음 딸이 찻집을 가자고 한다. 문득문득 표정이 무거워지는 내가 마음이 쓰였나 보다. 창 넓은 찻집을 찾아 창가로 가 앉았다. 빗방울이 한두 방울 떨어지는가 싶더니 이내 가는 비가 되어 내리기 시작한다. 창밖으로 내리는 비를 바라보며 한참을 그대로 있었다. 점점 빗줄기가 굵어진다.

엄마를 어쩌나. 지금껏 큰 병치레 한번 없던 분인데 그렇게나 한순간에 무너질까. 눈빛 하나만 달라져도 우리 남매들 중 누구도 엄마의 뜻을 거역하지 못했을 만큼 강한 카리스마를 보이던 엄마였다. 누구에게 폐 끼치는 걸 죽도록 싫어한 엄마가 이제 누군가의 도움이 없이는 아무것도 할 수가 없게 되었다. 동생이 했던 말이 가슴에 남는다.

"엄마가 늘 하던 말처럼 어쩌면 엄마는 떠날 준비가 다 되셨을 수도 있어. 우리가 보낼 준비가 안 되어있는 거지. 몇 달이 될지 몇 년이 될지는 알 수 없지만, 엄마는 지금 우리에게 보낼 준비할 시간을 주고 계신 거야."

굵은 빗줄기가 유리창을 타고 하염없이 흘러내린다.

연명(延命)

 미연이 어머니께서 돌아가셨다.

 얼마 전 순영이와 함께 미연이를 만났다. 엄마가 계신 요양병원에 다녀오는 길이란다. 미연이의 얼굴이 어둡다. 미연이 엄마는 사람도 못 알아보고 산소 호흡기를 꽂은 채 병원 중환자실에 누워 계신 지 벌써 삼 년째다.

 "의미 없는 치료를 받으며 죽지도 못하는 엄마가 불쌍해. 이제 그만 보내드렸으면 좋겠어. 오빠랑 언니들이랑 만나면 간혹 이런 이야기를 하는데 오빠가 그런 내색만 비춰도 크게 화를 내네. 자기는 어머니가 이렇게라도 살아계시는 게 너무 좋고 이렇게나마 얼굴 볼 수 있는 게 감사하다고. 이럴 때 우린 치료중단이라는 말을 꺼내는 게 큰 불효를 하는 거지 싶어서 아무 말도 못 하지. 이도 저도 못하고 차일피일 시간만 가고 있네."

 부모의 생명에 관한 이야기인데 자식이라면 누군들 강력

하게 주장할 수 있겠는가. 그런데 미연이는 자신의 오빠가 다른 속셈이 있는 게 아닌가 생각하고 있었다.

"오빠는 생활이 아주 빠듯하거든. 직장을 그만둔 지도 오래고 모아 놓은 돈도 없고…. 오히려 엄마는 저렇게 누워있어도 교사로 정년퇴직을 하셔서 연금이 꽤 나와. 그 돈을 오빠가 다 관리하고 있어서 오빠한테 도움이 많이 되겠지. 그러니까 저렇게 결사반대하는 게 아닐까 의심, 아니 확신하고 있어."

"설마."

"그러게. 빤한 속셈을 '효도'로 포장한다 싶어 화가 나다가 이런 생각하고 있는 내가 나쁜 사람인가 싶어 죄책감 들고, 그저 엄마 생각하면 이래저래 한숨만 나온다."

무슨 말을 해야 할지 몰라 식어가는 커피잔만 만지작거렸다.

요즈음 소생 불가능한 환자의 생명을 연장하는 연명 의료 행위를 하는 게 옳은 건지에 대해, 조금씩 사회적 논의가 이루어지고 있다. 하지만 호흡기를 뗄 수 있는 권한이 없는 의사나 병원의 입장에서는 연명 치료를 계속할 수밖에 없을 것이다. 그건 그렇다 치고라도 자식 입장에서 아직 살릴 수 있는데 차마 돌아가시게 할 수 없고, 그렇게라도 이별을 유예하고 싶은 심정으로 치료를 계속할 거라고만 생각했다. 그런데 어떤 자식에게는 연명 치료의 이유가 어머니 앞으로 나오는 연금이 될 수도 있다니…. 상상도 해보지 못한 일이다. 가슴 한편이 무언가에 짓눌린 듯 답답해 온다. 나에게는 죽지도 못하게 할 만한 연금이 없어 다행이라 해야 하나.

그러고 보니 이제껏 연명 치료에 대해서 진지하게 생각해 본 적이 없다. 문득 얼마 전 모임에서 한 친구가 연명 치료 거부를 위한 '사전 연명 의료 의향서'를 미리 작성해 두라고 했던 말이 생각난다. 그래야 나중에 자식들이 혼란스럽지 않고 무의미한 치료를 받지 않고 편하게 갈 수 있다고. 그래서 자기는 일찌감치 해 두었다나. 맞는 말이라고 생각했지만 죽음에 대해 생각하는 것이 막연해서 곧바로 잊었다.

어떤 위로의 말도 찾지 못하고 식어버린 커피 한 모금을 마시며 무심히 말했다.

"연명 치료하지 말라고 서류 남겨 놓아야겠네."

미연이와 수다가 길어지는 동안 듣고만 있던 순영이가 쓸쓸한 미소를 지으며 말을 한다.

"어머니가 과연 연명 치료 받는 것을 싫어만 하실까? 나라면…, 아이한테 도움을 줄 수 있다면…, 그렇게라도 오래도록 살아 있고 싶어."

아, 세상에는 이렇게나 각자 다른 생각과 형편이 있는 걸…. 지체 장애가 있어 사회생활이나 경제 활동을 거의 못 하고 있는 딸을 보살피고 있는 순영이다. 어린 딸을 등에 업고 조금이라도 낫게 해보려고 이곳저곳 재활 병원을 헤매고 다니던 젊은 날의 순영이 모습이 떠오른다. 이제 순영이도 나이가 들었고 딸도 서른이 넘어간다. 그 긴 시간 동안 순영이는 딸을 보살피는 일을 하루도 멈춘 적이 없다. 그런데 그것으로 모자라 병상에 누워 연명 치료를 받으면서라도 자식을 돌봐주고 싶은 모정(母情)이라니. 누군가에게 있어 연명(延命)은 자신의 생명이 아니라 자식의 삶을 어떻게든 이어가게 해 주려는 모정인가 보다. 그 모정이 가엾어 내 눈에 물기가 서려온다. 순영이의 얼굴을 차마 마주 보지 못하고 슬며시 손을 내밀어 순영이 손을 잡았다.

장례식장에 갔다. 영정 사진 속의 미연이 엄마는 화사한 미소를 우리에게 보내고 계신다. 미연이의 어머니에게 있어, 그리고 그 자식들에게 있어 연명이란 어떤 의미였을까. 그 사정을 감히 다 헤아릴 수는 없지만, 이제는 어머니가 부디 세상일 다 잊고 평안히 영면에 드셨기를, 진심을 다해 기원했다.

그네의자에 앉아서

 방에 앉아 있던 엄마한테 산책을 나가고 싶은지 여쭈었다. 흔쾌히 좋다고 하신다. 아파트 정문 가까이에 있는 그네의자로 갔다. 나무로 만든 그네의자에 엄마와 나란히 앉아 가볍게 그네를 흔들며 바람도 쐬고, 일어나 주변 구경도 하며 시간을 보냈다.

 엄마가 이 그네의자를 좋아하셔서 자주 나오곤 하는데, 동네 어르신들은 우리를 보면 그냥 지나지 않고 한마디씩 건네시곤 한다. 엄마더러 부럽다고도 하고 나더러 대견하다고 하고…. 때로는 그만 가주었으면 좋겠다 싶을 만큼 붙들고 계속 말을 하셔서 난감할 때도 많다. 하지만 싫은 내색 하지 못하는 것은 이분들이 참 외롭구나 싶기도 하고, 점점 말이 없어지는 엄마에게 조금이라도 도움이 될까 하는 마음에서다.

 어제 만났던 할머니는 우리를 보자마자 가까이 오더니 별 다른 인사말도 없이 말을 꺼냈다.

"몇 해 전 남편이 병으로 갔는데 난 병 수발 한 번 안 했어."

"그럼 누가…."

"아들이 했지."

"네? 아들이요?"

"난 오래전에 정 뗐거든. 돈도 다 날리고. 그 사연 말로 다 못해. 몇 해 동안 아버지 병 수발한다고 아들이 장가도 못 갔네. 이제 사십이 넘었어. 살아있을 때는 너무 미워서 아들 고생하는 것도 안 보였는데 지금 생각해보니까 그 사람도 불쌍하고 아들도 불쌍하고, 그러네."

"…네."

할머니는 쓸쓸한 얼굴로 한참 있다가 가던 길을 가셨다.

오늘 첫 방문자는 연세가 아흔이 되신 할머니시다. 혼자 사시는 이 할머니는 하루 세 번 식사를 마치면 꼭 산책 나오신다. 걷지 않으면 다리에 힘이 빠져서 못 걷게 되는 거라면서 잠시 앉으시라고 자리를 내어드려도 서 있는 게 좋다고 사양하신다.

"저도 엄마 다리 힘 빠질까 봐 매일 이렇게 모시고 나오네요. 엄마는 내가 나가자 안 하면 꼼짝하질 않으셔요."

"아이고. 정말 잘하는 거요."

"딸이 가까이 있어서 좋으시겠소."

엄마를 향해 할머니께서 말을 걸으셨지만 엄마는 빙그레 웃음으로 대답을 대신한다.

"나한테도 딸이 있는데 멀리 살아서 자주 못 봐. 그래도 매일 아침저녁 귀찮을 정도로 안부 전화를 해서 제발 하지 말라고 하네. 이렇게 잘 있는데 뭔 전화를 그렇게 해대는지 원."

자주 못 보는 딸에 대한 아쉬움인지 살가운 딸을 가진 자랑인지, 한참 동안 전화를 너무 많이 해서 귀찮게 하는 딸 얘기로 열을 올리다 좀 더 걷고 들어가겠다고 총총히 가던 길을 가셨다.

잠시 후 우리가 '노래 할머니'라 부르는 82살 어르신이 오셨다. 노래하는 것을 얼마나 좋아하는지 만날 때마다 노래를 부르신다. 오늘도 노래 해주십사 청했더니 기다렸다는 듯 뿜어져 나온다. 레퍼토리도 다양해서 웬만한 가곡과 유행가는 다 알고 있는 것 같다. 아파트 어르신들 모임에서도 노래를 곧잘 불러서 사람들에게 인기 만점이라고 자랑이다. 사람들이 즐거워해주는 게 너무 좋단다. 얼마나 많이 불렀으면 그 많은 노래 가사를 지금껏 다 외우고 분위기 맞춰 선곡해서 부를 수 있을까. 노래로 행복할 수 있어서 사는 일이 조금은 더 즐거웠겠다. 엄마도 얼굴이 밝아지며 노래 할머니를 따라 콧노래를 부른다.

할머니가 노래하다 말고 멈칫 하시더니 불쑥 이야기를 꺼낸다.

"아, 좀 전에 할아버지가 글쎄, 나더러 그 노래 잘하던 열아홉 아가씨가 어디로 가고 목소리까지 다 늙은 할머니가 되었냐고 하네. 자기 만나 꿈을 펼치지 못하고 살게 해서 미안하다면서. 그 말이 어찌나 고맙던지…. 지나간 세월이 아쉽고, 자식을 다섯이나 키워내는 동안 가슴에 맺힌 아픔이 서러워 눈물이 왈칵 쏟아지네. 그래서 바람이나 쏘이자, 하고 나왔지. 아닌 게 아니라 젊음이 영원할 것 같았던 사람이 다 늙은 할아버지가 되어버리고, 그나마 나는 이렇게 노래하고 다니는데 할아버지는 몸이 안 좋아서 주간보호센터에…."

미처 말을 다 끝내지 못하고 멈추는 할머니의 눈가에 눈물이 맺힌다.

할머니 등 뒤 낮은 언덕 위로 어느새 붉은 저녁노을이 내려앉았다.

마음 쌓기

 대학 동창 친구들과 모임이 있는 날이다. 다들 바쁜 데다 사는 곳이 달라서 자주 만나지는 못하지만, 오랜 친구들과의 만남은 언제나 설레고 기대된다.

 모임 장소로 갔다. 먼저 와 있던 순이와 미진이가 반갑게 맞이해 준다. 깔끔한 실내 장식이 인상적이고 은은한 조명도 멋스러운 곳이었다. 커다란 창 아래로 넓은 호수가 내려다보이는 창가 자리에 앉았다. 곧이어 금희도 도착했다. 우리 넷은 만나자마자 그간 지냈던 일들을 나누느라 이야기가 쉴 새 없이 이어졌다. 누군가의 위트에 같이 웃음 짓고 누군가의 걱정에 같이 한숨 쉬고. 식사가 끝나고 차를 마시면서 총무를 맡고 있던 미진이가 조심스레 이야기를 꺼냈다.

 "목돈을 가지고 있는 게 부담스럽네. 일부를 나누는 게 어때? 다음부터는 애란이가 총무 맡아주면 좋겠고."

 "무슨 소리. 해외여행 가자고 열심히 모으더니. 총무는 여행 다녀와서 넘기기로 했잖아."

"남편 혼자 두고 여러 날 집을 비우기 어렵네. 언제 여행 갈 수 있을지 알 수가 없어. 나눈 돈으로 남편이랑 애들이랑 가까운 휴양지에나 다녀올까 봐. 그 정도 나들이는 가능하거든."

몇 달 전 미진이 남편은 건강에 문제가 생겨서 꽤 오래 병원 치료를 받았다. 다행히 지금은 거의 회복되어 일상생활은 가능하다고 했는데 그럼에도 남편 혼자 지낼 수 있는 형편은 아닌가 보다. 친구들과 함께 여행을 다닐 수 있는 시기도 지나버렸나 싶다. 아이들 키우느라, 직장생활 하느라 사실 우리들끼리 변변한 여행을 한 적도 별로 없는데… 이제야 모두들 자유로운 시간이 되었나 했는데….

문득 언젠가 친구 정이와 나누었던 이야기가 생각났다. 정이 시어머니가 돌아가신 후 몇 달이 지난 뒤 시어머니 친구 몇 분이 정이한테 조심스럽게 연락을 해 왔더란다. 시어머니가 총무를 맡고 있던 모임이 몇 개 있었던 모양인데 모임 돈을 시어머니가 미처 돌려주지 못하고 돌아가셨다나. 유품 정리도 다 끝나서 확인할 방법은 없었지만, 어머니에 관한 일이고 감당하지 못할 만큼 큰돈도 아니어서 기꺼이 내어드렸단다. 하지만 그런 말을 해야하는 친구분들이나 돈을 내어드려야 하는 자기나 참 민망한 일이었다고.

"나이가 들면 모임에서 돈 모으는 것도 하지 말아야 할 것 같아. 어머님이 나름 분명하시고 남에게 폐 끼치고 사시는 분이 아니었는데 그렇게 빨리 떠날 거라는 생각을 미처 하지 못하셨던 거지."

정이의 말을 들으면서 막연하게, 나이가 들면 모임을 하더라도 돈을 모으면 안 되겠다는 생각을 했다. 그런데 그 '나이'를 먼 훗날 어느 즈음이라고만 생각했지 그때가 언제일지까지는 구체적으로 생각하지 않았던 것 같다.

순이와 금희가 미진이의 말에 동의했다. 나도 별말 하지 못했다.

처음 모임 돈을 만들기 시작했던 때가 떠오른다. 우리는 학과가 정해진 2학년 때부터 졸업할 때까지 내내 함께했다. 동아리도 다르고 각자 할 일들이 제각각이었지만 틈만 나면 넷이 붙어 다녔으니까. 그러다가 졸업을 하고 직장을 얻는 등 생활이 달라지니까 예전처럼 자주 만나기가 어려워졌다. 결혼하고 아이를 낳으니 그나마 만날 수 있는 시간이 더 줄었다. 더구나 사는 지역까지 달라졌으니.

그러던 어느 날, 내가 돈을 모으자고 제안했다.

"물질이 있는 곳에 마음이 있단다. 그러니 만나지는 못하더라도 일단 물질을 모아놓자고."

예전에 다니던 교회 목사님께 들었던 '하늘에 보물을 쌓아라, 보물이 있는 곳에 너의 마음도 있다'라는 성경 이야기를 천연덕스럽게 가져다 붙인 내 말에 친구들이 어이없어했다. 하지만, 그 후 우리는 우리들의 통장을 만들고 '마음'을 쌓기 시작했다. 어느 즈음 아이들도 어느 정도 자라서 우리의 만남도 자주 할 수 있게 되었다. 그동안 모아둔 돈으로 아이들을 모두 데리고 놀이공원을 다니는 등 꽤 오랫동안 여유를 즐기며 만났던 것 같다. 어디에 쓰겠다는 목적이 있었던 돈은 아니었지만, 그 돈이 우리에게 더 많은 마음을 쌓을 기회를 주었던 것이다. 그 아이들이 성장해서 이제 결혼도 하고 각자 제 몫을 하는 사회인들이 되었으니, 우린 그 긴 시간을 함께해온 셈이다.

돈이 입금되었다. 왠지 쓸쓸해진다. 돈을 정리하는 게 아니라 마음을 정리하고 있는 게 아닌가 하는 생각이 스친다. 아주 없애기는 아쉬웠던지 미진이는 얼마간의 돈을 남겨 놓았다. 조금 남겨둔 '마음'이 애틋하다. 이제 모임 돈이 부담스러운 나이가 된 걸 인정해야 하나 보다. 혹여나 쌓아 놓은 마음이 누군가에게 폐가 될까 두려운 나이가 된 것이다. 달리 생각하면 나이에 따라, 인생의 단계에 따라 마음을 나누고 쌓는 방법 역시 달라져 가는 것이 아닐까 싶고. 그렇게 생각하니 쓸쓸함이 조금 잦아든다.

꽃구경 나서듯

여느 때와 같았던 어느 날 저녁 무렵이었다. 주방에서 식사 준비를 하다가 넘어졌고, 바닥에 무릎을 크게 부딪쳤다. 엄청난 통증에 마른 눈에서 불이 번쩍 일었다. 입에서는 신음소리가 계속 흘러나갔다. 한참을 그대로 널브러져 있다가 가까스로 정신을 차리고 몸을 일으켰지만 일어날 수가 없다. 앉은 채로 겨우 몸을 움직여 거실로 나와 소파에 등을 기대었다. 시간이 갈수록 통증이 더 커지며 심하게 부어오르고 있다. 또 뼈가 부러진 걸까. 무섭다.

아이들에게 문자를 했다.

"엄마가 넘어져서 다쳤어. 아무래도 병원에 가야 할 것 같아."

아이들이 깜짝 놀란다. 그날은 하필 딸은 야근 중이었고 아들도 멀리 있었다. 그나마 아들이 조금 빨리 올 수 있을 것 같다. 통증을 참으며 그저 아들을 기다리는 것밖에는 할 수 있는 일이 없다. 시간이 느리게 흘렀다.

두 시간이 다 지난 후에야 아들이 구급 대원과 함께 들어왔다. 곧바로 응급실로 가 엑스레이 사진을 찍었다. 당직 의사가 사진을 보여주며 말을 한다.

"왼쪽 무릎 뼈가 심하게 부러졌네요. 수술밖에 다른 방법이 없겠어요."

다음 날로 수술 일정이 잡혔다. 간호사가 내 팔에 링거를 꽂고 임시로 다리를 고정시켜 주었다. 코로나 검사를 하고 격리 병실로 갔다. 입원 수속을 마칠 즈음 도착한 딸이 병실에 남았다.

아침이 되었다. 수술실로 가는 동안 딸이 내 손을 꽉 잡아 주었다. 수술대 위에 누웠다. 이게 벌써 몇 번째람. 조그마한 충격에도 부러져 버리는 뼈를 갖고 남은 시간을 어떻게 살아가야 하나. 얼굴 바로 위에서 커다란 조명등 불빛이 쏟아지고 있다. 눈을 질끈 감았다. 눈물 한 방울이 쪼르르 얼굴을 타고 내려간다. 잠시 후 까무룩 의식을 잃었다.

누군가 내 어깨를 흔들며 나를 깨웠다. 뼛속까지 시린 추위가 내 의식보다 더 먼저 찾아든다. 온몸을 부르르 떨면서 눈을 떴다. 간호사가 나를 입원실로 데려갔다.

병실에는 할머니 한 분이 계셨다. 간호사가 침대에 누울 수 있도록 도와주었다. 한참을 그대로 있다가 손을 내려 수술한 다리를 만져보았다. 다리는 고정된 채 붕대로 두껍게 감겨 있다. 부기가 빠지고 상처도 나으면 통기브스를 할 거라고 했다. 통기브스를 하는 게 좋아진 상태라니. 가슴 깊은 곳부터 한숨이 흐른다.

 딸이 간호를 도맡고 아들은 수시로 드나들며 필요한 물건을 가져다주고 딸이 자리를 비우는 시간을 메워 주었다. 아이들 고생이 이만저만이 아니다.

 며칠 후 휠체어에 앉을 수 있게 되었지만 병실에 여유 공간이 없고 화장실 문도 좁아서 휠체어를 탄 채 들어갈 수가 없다. 게다가 공동 화장실이 아래층에 있어서 매번 아이들의 도움을 받아야 했다. 아이들을 번거롭게 하는 걸 조금이라도 줄여주고 싶어서 가급적 물 한 모금도 입에 넣지 않으려 노력했지만 수액 때문인지 화장실에 가야 하는 건 여지없다.

 "이렇게 큰 정형외과 병원이 왜 이 모양이라니."

 아이들에게 미안한 마음에 병원 시설이 열악한 것에 대해 구시렁거렸다.

어스름한 저녁이다. 어느덧 3월인데 창밖에는 하나 둘 눈발이 날리고 있다. 외출했던 딸이 돌아왔다. 아들이 집으로 가려다 말고 나에게 말을 건넨다.

"화장실 안 갈래? 휠체어 밀고 다니는 건 아무래도 내가 더 나을 테니까. 옥상 구경도 시켜줄게."

옆에 있던 딸이 얼른 대답한다.

"좋아, 오빠. 나도 같이 가 볼래."

옥상으로 올라가 정원으로 통하는 입구 문을 열었다. 그리 넓지 않은 정원에 그새 눈이 새하얗게 쌓여있다. 하늘을 올려다보았다. 쏟아지고 있는 눈으로 달빛도 없이 어둑한 하늘이 하얗게 보인다.

"와! 예쁘다. 와! 시원하다. 살 것 같아."

아이들이 나를 안쓰러운 눈으로 바라본다. 딸이 휴대폰을 꺼내들더니 내 사진을 찍으려한다.

"이궁, 이런 몰골로 무슨 사진을…."

"아냐, 엄마 즐거워하는 거 찍어둬야지. 게다가 우리 엄마는 다리가 부러졌어도 예쁘다구."

아이고, 딸의 너스레를 누가 말리나. 우린 쏟아지는 눈을 맞으며 사진을 찍었다. 누가 보면 꽃구경이라도 나온 줄 알겠다.

  오늘도 화장실에 가기 위해 일어나 앉았다. 아들이 얼른 복도에 있는 휠체어를 가져온다. 나는 두 손으로 여기저기 붙들고 식은땀을 흘려가며 느리게 몸을 움직였다. 그런 나를 옆 침대에 누워계신 할머니가 물끄러미 바라보다가 당신 딸에게 말을 건네신다.
"나도 휠체어 타고 화장실 가면 안 되끄나?"
"엄마도 참…, 이 언니는 그나마 다리를 다쳐서 앉을 수 있지만 엄마는 엉치뼈를 다쳤는데 어떻게 그래."
  할머니의 풀죽은 눈빛이 나의 등 뒤에 꽂힌다. 한동안 말없이 계시던 할머니 입에서 한숨처럼 한마디가 흘러나온다.
"부러워서 그러지."
  부럽다는 말이 불쑥 가슴을 비집고 들어온다. 자기 힘으로 먹을 것을 챙겨 먹을 수 있고 스스로 화장실에 갈 수 있는 것, 인간으로서 자존감을 지키며 사는데 기본적으로 필요한 것을 지금의 나는 할 수가 없다. 나 때문에 직장 일에다 뮤지컬 공연까지 병행하느라 바쁜 딸이 딱딱한 간이침대에 몸을 누이고 병원에서 끼니를 때우고 있다. 시험 공부를 해야 하는 아들도 마찬가지로 긴 시간을 뺏기고 있고. 이런 고통스러운 상황이 이번이 처음도 아니고 어쩌면 끝이 아닐 수도 있는 나의 현실에 수시로 우울감이 몰려오곤 하는데, 이런 내가 부럽다니!

드디어 휠체어에 앉았다. 그저 앉았을 뿐인데 숨이 트인다. 숨을 한껏 몰아쉬며 할머니를 돌아보았다. 교통사고를 당해 엉치뼈와 발가락이 부러진 할머니는 내가 입원하기 한 달 전부터 지금껏 침대에서 나오지 못하고 계신다. 두 딸이 번갈아 병상을 지키며 대소변 처리와 목욕 등 할머니를 돌보며 지내고 있다. 할머니가 얼마나 힘이 드셨을지…. 딸들 고생은 또 얼마나 컸을지…, 내가 편해야 주변을 돌아볼 마음도 생기는 건지, 내 고통에만 꽂혀서 다른 사람 고통은 살펴볼 생각을 못 했다. 병실을 나서고 있는 나는 분명 할머니에게 부러운 사람이겠다.

"할머니도 곧 일어나실 거예요."

진심을 담아 할머니께 인사를 건넸다. 아들이 밀어주는 휠체어를 타고 이 봄날, 꽃구경 나서듯 병실 문을 열고 밖으로 나갔다.

이애란 론

자아(ego)에서 주체(subject)로

김종완(문학평론가, 격월간 『에세이스트』 발행인)

난 언제부턴가 평이란 걸 쓰지 않았다. 한때는 내 평이 누구도 보지 못하는 걸 나만 보았다는 듯, 내 말의 진리성을 믿었던 적도 있었다. 그러다 알게 되었다. 이게 한낱 나의 견해일 뿐, 수많은 견해 중의 하나일 뿐, 어느 맥락에서만 내 말이 옳을 뿐, 내 말이 옳아서 사람들이 당연히 동의해야 하는 게 아니라, 동의하는 사람을 얻었을 때 비로소 내 말이 옳다는 것. 그래서 이젠 평 쓰는 걸 극구 사양하지만 어쩔 수 없는 경우엔 작가에게 사신(私信) 보내듯 그냥 작가를 향해서 두런두런 말을 건네는 심정으로 쓴다. 행여 독자들께서 이 글에서 작가에 대한 객관적인 평가를 기대한다면 미리 포기하는 게 낫다. 난 이애란에게 편지를 쓰고 싶을 뿐이고, 독자는 사신을 훔쳐보는 기분이면 된다.

어디 나라고 욕심이 없겠는가. 난 살아서 내 말이 옳다는 걸 확인하고 싶다. 내 성공을 보고 싶다. 그게 어려워지면 후세를 기약하면 된다. '후세에 나를 알아보는 독자가 한 명이라도 있다면 나는 그를 위해 글을 쓰리라.' 그런데 말이다. 후세에 알려진 그들은 최소 당대를 주름잡은 문사들의 심장을 떨게 하는 문재(文才)를 지닌 사람들이었더라는 사실이다. 대중적으로 알려지지 않았지만 소수의 눈 밝은 사람들이 껌벅 죽었던 거고 그래서 긴 세월을 견뎌 전해질 수 있었던 거다. 그렇다면 나는 어떤가? 참 비감한 일인데, 난 사후의 평가엔 어떤 미련도 없애버렸다. 박제가는 후세의 독자는 자기를 알게 되리라는 믿음을 가지고 글을 썼지만, 그게 당대에 알려지지 않은 글쟁이가 버틸 마지막 보루이겠지만, 그건 나와는 무관한 일이다. 나에게 나란 지금 살아서 내 감각으로 느끼는 것만이 나다. 사후의 삶이 있다하더라도 이승과 저승은 교통이 불가능하고, 가능하다고 해도 저승에서 이승의 평가에 연연하며 살 여력이 있을리 없다. 나 같은 사람은 그쪽 삶도 살기에 바쁠 터이니까. 최소한 나의 심리나 감각으론 이승의 삶은 이승으로 딱 끝내버리고 결산 끝! 하며 죽겠다는 것. 하지만 최소한의 성공도 하지 못하면 하도 원통해서 미련을 가질 것이다. '후세의 사람들은 알아보리라.' 그러나 정말 나를 알아본 사람이 설령 있다손 치더라도 그게 나와 무슨 상관이 있단 말인가? 그건 이미 내가 아닌데. 난 이룬 게 없어 지킬 게 없다. 그래서 과거를 위해 살지 않지만, 미래를 위해서 살지도 않을 거다. 지금 여기만을 위해서 살려고 한다. 하지만 이 말 또한 하나마나한 말이다. 여기에 최선을 다 하는 게 과거를 잘 간직하는 거고, 멋진 미래를 맞는 조건일 터인데 막상 오늘 무엇이 최선인지를 모르기 때문이다. 이렇게 모른다고 하면 꼭 가르쳐주겠다고 나서는 사람들이 있다. 답을 아는 사람들이다. 그런 답이야 나도 안다. 이론상으로 이해하는 게 답이 아니다. 답이란 이론이 아니라 몸으로 아는 것이다. 곧 실천해서 몸으로 얻어지는 것이다.

　한 육십년 살아보니 참 좋더라. 청년의 꿈과 장년의 열기만이 아니라 이제부터 느껴지기 시작하는 노년의 쇠약함도 좋다. 인생 참 별 거 없다는 걸 몸으로 겪었다는 게 참 좋다. 그게 큰 깨달음이더라. 의미의 텅 빔. 거기까지야 많은 사람들이 갔다. 그러나 의미의 텅 빔을 알고, 그게 큰 깨달음인양 말장난이나 하는 자와 그 의미를 스스로 채우는 자와의 차이는 하늘과 땅의 차이만큼이나 크다. 라깡은 그걸 자아(ego)와 주체(subject)로 구별하였다. 에고란 내가 '알고 있는' 나의 이미지이다.*

거울단계에서 나르시시즘에 빠져서 내가 보고 싶은 대로 보는 나다. 주체란 내가 '모르고 있는', 나의 진실의 장소에 거주하는 나다. 데카르트가 고뇌하는 표정으로 이것도 내가 아니고 저것도 내가 아니라고 하나씩 비워나가다가 드디어 의심이 확실성으로 인식되는 바로 그 순간에 나타나는 나다. 자기의 행위에 책임을 질 수 있는 존재다.** 그때에야 비로소 의미를 세워나갈 수 있다.

우리는 항상 완성된 결과만을 생각하는 경향이 있다. 깨달은 자라 하면 우주의 이치를 다 알아버린 완성자를 생각한다. 그러나 완성이라는 게 어디 있는가. 모든 건 과정에 있을 뿐이다. 정말? 우주란 너무나 커서 인간의 상상력으로는 다 상상할 수 없는 존재다. 이 작은 존재가 그렇게나 큰 존재를 논할 수 있다니, 참으로 불가사의한 인간의 위대함

---

* 내가 '알고 있는' 나의 이미지와 내가 '모르고 있는' 나의 진실과는 구별되어야 한다. 전자를 '자아'라고 부르고, 후자가 거주하는 장소를 '주체'라고 부르자 (신형철, 『몰락의 에티카』p.191.
** 『라깡 정신분석사전』p.372 '주체'

이다. 그 모습은 생텍쥐페리의 『어린 왕자』에서 모아뱀이 코끼리를 꿀꺽하고는 배가 불룩한 모습과 뭐가 다른가. 우린 우리가 아는 것에 준(準)해서 나머지를 안다고 생각할 뿐이다. 바닷물이 짜다는 걸 다 마셔봐야 아냐? 한 숟가락만 마셔봐도 알지. 하지만 바닷물을 다 마셔보지 못하는 한 어디에선가 짜지 않은 바닷물이 있을 수 있다고 우긴들 무어라 하겠는가. 그래서 안다는 건 모두가 과정에 있을 뿐이다. 그런데 사는 데는 그 얄팍하게 아는 것마저도 많더라. 안다는 것엔 행동하라는 준칙이 따르고, 행동하지 못하는 양심은 거추장스러운 외투를 두른 듯 항상 날 불편하게 한다.

「넌 꿈도 없니?」

화자는, 출세한 의사 선생이 TV에 나와서는 자기는 의사가 될 꿈을 꾼 적도 없고요, 무엇이 되고자 하는 꿈조차 꾼 적이 없었는데, 대학입시에서 자연계 성적 좋은 아이들이 의예과에 가는 거여서 따라서 의예과에 갔고, 가서 공부 말고 뭘 해, 결국 의사 됐고, 의사가 되고 보니 일 말고 뭘 해, 그냥 열심히 일했더니 성공했더라는 인터뷰를 보았다. 그걸 보면서 새삼스럽게 자기를 확인하는 거였다. "세상에, 나처럼 꿈도 없이 사는 사람이 또 있었구나. 꿈이 없이 살아도 의사도 되고, 만족한 삶을 산다면야 그리 나쁠 것도 없겠다. 하긴 나도 꿈도 없이 살지만 그런대로 자족하며 사니까."

꿈을 갖지 않는 사람이 있을까? 삶이란 가능태로 주어지기 때문에 꿈을 가질 수밖에 없다. 그런데 화자는 꿈을 꾸지 않았단다. 이런! 그런 면에서 이애란의 문학은 전복으로부터 시작한다.

여기까지 읽은 독자의 반응은 어떠할까? 그 유명한 의사와 화자 자신을 같은 급수로 매긴 걸 어이없어 하지는 않을까. 아니, 아무 것도 성공하지 못한 화자가 자족한다는 말에 의아해하지 않을까. 진짜?

> 대학 교수가 되고 싶은 꿈도 없이 친구들이 대학원에 가겠다고 입시준비를 하는 것을 보고 나도 해볼까 하는 생각이 들었다. (…)
> "교수님, 졸업할 때가 다 되도록 대학원에 갈 생각을 하지 않고 있었는데, 나 같은 사람도 대학원 시험 봐도 될까요?"
> "대학원 별 거 아냐. 들어와. 너 중학교 졸업하고 고등학교 갈 때 왜 가야하는지 고민했니? 대학도 마찬가지일 걸? 그냥 자연스

럽게, 기회가 되면 하는 거야. 때가 되면 결혼하고 애도 낳고 하듯이."

"힘들지 않을까요? 저 아시다시피 공부 싫어하는데."

"하나도 안 힘들어. 일주일에 하루나 이틀만 학교 나오면 되는데 힘들 일이 뭐 있대?"

나는 교수에게 속았다. 그것도 완전히 속았다. (…) 졸업할 때까지 2년 동안은 내 평생에 비추어 가장 정신없이 바쁘게 살았던 시간으로 기억에 남을 만큼 힘이 들었다. 대학원 다니는 동안 조교생활을 했던 나는 졸업할 즈음 운 좋게도 시간강사를 맡았다.

꿈이란 욕망이고 욕망이란 결핍에서 나온다. 그래서 '나는 꿈을 꾸지 않았다'는 말은 '난 결핍이 없는 풍족함 속에서 자랐다'는 말이기도 하다. 물론 여기에서 풍족이란 한낱 물질적인 것만을 얘기하는 게 아니다. 물질적인 것만큼이나 정신적인 면도 중요할 것이다. 현대의 신은 부당해서 복도 몰아서 준다. 공부도 잘 하는 놈이 이쁘기도 하고, 부잣집 딸이기도 하고, 젠장!

후기구조주의자들에 의해서 인간은 이성적 존재가 아니라 욕망하는 존재라는 게 밝혀졌다. 욕망하는 인간은 꿈을 갖는다. 꿈이란 욕망이고 욕망은 결핍에서 온다. 그런데 사람들은 진정한 자기 결핍을 알지 못한다. 나는 나의 꿈을 꾸는 게 아니라 남들이 꾸는 꿈을 따라서 꾼다, 진정한 나의 욕망을 모른 채. 다만 다른 사람이 원하는 것이어서 나도 매달린다. 나는 타인의 욕망을 욕망할 뿐이다. 타인의 욕망을 따라서 욕망할 뿐이기에 나는 항상 결핍 속에 있다. 그래서 정작 이뤘어도 이뤘는지도 모른다. 그래서 삶이란 끝없는 레이스다.

사람들은 누구나 가짜의 꿈을 꾼다. 그런데 나의 꿈을 꾸는 사람도 가끔씩 있다. 작가는 아이를 키우기 위해서 대학 강단의 가능성을 포기했다.

> 시간강사라는 어정쩡한 상태로 계속 있을 수만은 없었으므로 사실 박사학위를 따볼까도 생각했었다. 고민 중인데 많이 기다렸던 작은아이를 얻게 되었고, 나는 공부보다는 아이 키우는 것이 더 좋아서 아이들에게 최선을 다하자는 쪽으로 결론을 내린 것이다.

교수는 크게 실망해서 제자를 나무랐다.

"넌 남들이 얻을 수 없는 것을 쉽게 얻으니까 귀한 줄 모르는구나. 사람들이 강의 몇 시간 얻어보겠다고 얼마나 아쉽게 나를 찾아오는 줄 알기나 하니? 넌 강의를 하면서도 공부 더해서 교수가 되고 싶은 꿈이 안 생기든?"

수필을 하면서 목격한 일인데 이상한 일은 나름 사회적으로 성공한 이들이 그 성공은 사는 데 좀 편했을 뿐, 진정한 성공이 아니라고 그래서 글을 써 보련다고 찾아온다. 글을 쓰면 진정한 성공을 쟁취할 수 있을까? 그럴 수도 있고 아닐 수도 있다. 입신양명을 위해서 글을 쓴다면 어떤 이는 그가 사회적으로 이룬 것만큼의 성공을 할지도 모른다. 그러나 그런 성공은 그가 사회적으로 이뤘던 성공, 이뤘으나 진정한 것이 아니라고 부정했던 성공과 같은 것이다. 성공의 정의가 달라져야 한다. 인간은 가능태로 태어난다. 자아의 가능성을 펼쳐 보이고자 하는 것이 욕망이다. 우리는 누구나 그 가능성을 펼치며 살았다. 다만 그 의미를 해석할 수 없었을 뿐이다. 수필쓰기란 바로 내 삶의 의미를 해석하는 글쓰기다.

욕망에는 3가지가 있다. 생물학적 욕망(식욕, 성적 욕망 등)과 물질적 욕망(즉 자본주의적 욕망), 그리고 정신적 욕망(즉

성취의 욕망)이다. 작가란 앞 두 욕망을 포기하고, 세 번째 욕망에 승부를 걸겠다는 다짐으로 시작된다. 성취의 욕망의 절정은 법열(法悅)이다. 이 엄청난 환희와 열락(悅樂)을 라깡은 쥬이상스라는 새로운 용어로 만들어 불렀다.

이를 향해 이애란은 첫걸음을 떼었다. 아니 진즉 출발했고, 그 길이란 끝이 있어 거기에 닿으면 끝나는 길이 아니라 길을 가면서 순간순간을 즐길 줄 알면 족하는 길이다. 비가 내리고 바람이 불고 눈이 내려도 그걸 즐길 줄 아는 능력을 기르는 과정이다. 즐거운가? 그러면 당신은 이미 그 길에 들어선 사람이다.

> 지금도 여전히 무엇이 되어야겠다는 꿈은 꾸지 못하지만, 매일 마주치는 현실의 한 걸음 한 걸음 속에서 나를 알아가는 노력을 하고 있다. 그것으로 나는 만족한다. 꿈이 없으니 욕심도 없어서 무엇이 되지 못한 것에 대한 미련도 없고 아쉬움도 없다. 꿈 없는 삶, 사람들은 많이 염려하지만 그렇게 살아온 나로선 외려 그것이 바로 자족이 아닐까 싶기도 하다.

그녀는 자기문학의 방향을 알리는 신호탄을 쏘았다. 자

아(ego)로 사는 게 아니라 주체(subject)로 살기. 그녀의 당찬 기백을 본다.

「빨래를 개다가」

그녀는 평소 동서들의 자랑을 자주한다. 글로 쓴 적도 있다. 그런데 그 자랑이라는 게 의외다. 대소삿날이면 일이라고는 할 줄 모르는 자기를 탓하지 않고 따뜻하게 대해줘서 무척 감사하다는 것과 그 분들이 소탈하게 살아가며 가족을 위해서 노력하는 모습에 깊은 감동을 받는다는 그런 거다. 그녀의 이런 이야긴 솔직히 말해서 별로 흥미롭지 않다. 옛 도덕책에서 소풍이나 운동회를 가면서 평소 입던 옷을 깨끗이 빨아 입고…, 라고 배웠던 시절의 교과서 이야기를 다시 듣는 것 같은 아득함이 물씬 풍긴다.

그런데 『빨래를 개다가』는 시어머니 이야기인데 동서들 이야기와는 아주 다르다.

> 시어머니를 처음 뵈었을 때 순한 눈매가 인상적이었다. 당뇨병을 앓은 지 수십 년이 지났다는 말을 들었는데 어느 구석에도 그 늘진 느낌이 없었다. 시골 큰형님 댁에 계시던 어머님은 우리 집

에 머무른 적이 딱 두 번인데 전주의 병원에 입원하셨다가 퇴원하신 다음이었다.

처음 오셨을 때 어머니는 나와 단 둘이 되자 조심스럽게 말씀하셨다.

"아이고, 네가 가난한 집에 시집와서 해준 것도 없는데 병든 시에미 수발까지 하게 해 미안타, 느이 엄니한테 염치가 없네. 당장 집에 가고 싶다만 시골에 사는 너그 성들이나 작은집에서 동생네 가서 얼마 있도 못하고 온다고 할까봐, 얼른 가도 못 허겄다. 두 달만 있을 거니 힘들어도 조금만 참어라. 친정에다도 그리 말씀드리고."

사돈댁에 대한 조심스러움이 배어난다. 그러면서도 형제들에게 막내아들며느리 면을 세워주기 위해 억지로 딱 두 달만 아들집에 머무는 것이다. 내면엔 그 똑똑한 아들이 장가를 가자 그 아들집에서 한번 살아보고도 싶었을 것이다. 그분이 하시는 일은 빨래를 개주는 일이다. "당신아들 옷은 아들의 등을 토닥이듯, 손자 옷은 손자의 볼을 쓰다듬듯 한참씩 만지작거리며."

사건은 두 번째 동거에서 터졌다. 네 살짜리 아들놈이 워낙 낯가림을 심해서 할머니를 붙이지 않는 거였다, 할머니는 자기 혈육을 안아보고 싶으신데.

"어휴, 우리 아들은 참 순했는데 애는 아주 괴팍한 게, 성질은 널 닮았나보다."
순간 나는 가슴이 턱 막혔다. 괴팍한 게 날 닮았다고요?

아이의 심한 낯가림이 사회성이 부족해서 그런가보다고 생각하고는, 친구들의 권유도 있고 해서 가장 좋다는 유치원의 네살반에 등록을 했다. 그 사실을 시어머님께 말씀드렸다.

"어머니, 내일부터 아이 유치원 가요."
순간 어머니의 얼굴이 흙빛이 되었다.
"너, 참 모질고 독하다. 그 어린 것을 어떻게 떼어놓을 작정을 한다냐?"
그때까지 누구에게도 들어보지 못한 말이었다. 아무리 시어머니라지만 며느리에게 괴팍하다는 것도 모자라 이제 모질고 독하다는 말까지…. 이렇게 막 해도 되나? 정말로 속이 상했다.

시어머니는 세 번째 병원에 입원했을 때는 막내아들집에 들르시지도 못했다. 시어머니에 대한 그리움이 있다. 그런데 이상한 것은 많은 세월이 지났는데도 시어머니의 그 말이 가시지 않는다는 것이다.

그러니까 억지로라도 손자를 안아보려 했던 게 어머니로서는 마지막 포옹인 셈이다. 얼마 남지 않은 당신의 시간을 절감하고, 사랑스러운 손자를 한 번이라도 안아보고 싶어 했던 어머니의 간절한 심정을 나는 그때 알지 못했다.

시간이 지날수록 어머니가 새록새록 그리워진다. 그런데 이상하게도 그때 나를 서운하게 했던 말도 가끔씩 불쑥 떠오른다. 어머니에 대해 싫은 감정의 찌꺼기가 있는 것도 아니고 까칠하게 굴었던 손자 때문에 섭섭해했던 시어머니의 심정을 이해하지 못하는 것도 아니다. 내가 정말로 괴팍한 성격일지도 모르겠다. 그게 아니라면 일종의 며느리 본능 같은 것인가. 세상의 모든 며느리들은 시어머니에게 상처 받은 일은 결코 잊지 않는 것일까.

이 글은 여기에서 끝이 나도 괜찮을 것이다. 그런데 이애란표 문학은 다음의 이야길 덧붙인다.

내게도 아들이 있는데 이를 어쩌나. 나는 어쩔 수 없이 장차 시어머니가 될 터인데. 내 말실수 한마디를 수 십 년이 지나 내가 세상을 떠난 뒤까지 며느리가 기억한다면 어떡하지? 이제야 덜컥 걱정이 되면서 내가 힘들까봐 염려하고 손자가 붙여주지 않아 서운해하던 시어머니 생각에 새삼 가슴 더 아프고, 시어머니께 받았던 상처가 슬며시 아문다. 나는 참으로 이기적 인간이다.

그리하여 공감이라는 자기 문학의 주제를 만들어냈다.

「편할 대로 해라」

제목만으로 이 글의 주제를 추측해 보면? 배려다. 앞 작품의 주제는 공감이라 했다. 공감과 배려. 인간이란 욕망하고 그래서 서로 투쟁하고 자기만족에 빠지고 그러다가 회의하는 그런 존재라는 것에 익숙해진 나에게 그녀의 문학은 하나의 실험으로 보인다.

이야기의 구조는 앞 작품과 비슷하다. 모교 합창단 창단 50주년 기념행사가 전주의 모교에서 열렸다. 서울에선 관광버스를 대절했지만 합창단 15기인 그녀는 홀로 KTX를 타고 갔다. 그런데 그 이유가 그녀의 성격을 여실히 보여준다.

버스를 대절했으니 12시까지 종합경기장으로 오라는 것이었다. 다들 애쓰는구나. 그런데 12시? 난 교회에 가야 하는데…. 하루 빠져? 에이, 그럴 순 없지. 나 하나 빠진다고 성가대에 무슨 대단한 영향이 있을까만 그래도 기왕 하고 있는 일이니 성실을 다해야겠다는 쪽으로 기울었다. 이런 결정의 요인은 하나님에 대한 사랑이라기보다는 순전히 사람과의 약속 때문이다.

기왕 하고 있는 일이니 성실을 다한다는 것, 사람과의 약속을 중하게 여긴다는 것. 행사에 참석하고 단체 식사를 하고, 전문 진행자가 진행하는 뒤풀이 시간이 무르익을 때쯤 자리를 떠야 했다. 벌써 10시. 기다리고 계시는 친정어머니를 뵈러 가기 위해서다. 그러면서 쉽게 걸음이 떨어지지 않는다. 엄하게 성장한 탓에 MT도, 합창단 뒤풀이에도 참석하지 못했다. 그런데 50이 넘어서도…

사실 서울에서 내려오기 전에 엄마께 전화할 때 넌지시 늦어질 것 같으니 주최 측에서 마련해둔 숙소에서 자거나 최근에 집을 사서 독립한 싱글 친구 집에서 자면 어떨까 한다는 말을 하긴 했었다.

"너 편할 대로 해라. 나 신경 쓰지 말고."

엄마는 그렇게 말씀하셨지만 나는 오히려 그 말이 걸려서 엄마 집으로 가겠다고 했었다.

집으로 갔고, 그날 밤 늦게까지 어머니와 수다를 떨었고, 다음날은 어머니를 모시고 계곡을 찾았고, 돌아오는 길엔 작은오빠의 농장에 들렀다. "엄마는 내내 밝은 표정이셨다. 역시 좀 더 있다 가기로 한 건 잘한 일이었다."

이야기는 여기에서 끝나도 된다. 그러나 이애란은 새삼스럽게 이야길 잇는다. 그런데 정작 중요한 것은 바로 거기에 있다. 결정적인 전복으로 글을 끝낸다. 앞의 긴 이야기는 뒤의 전복을 위해서 만들어낸 장치였을 뿐.

집에 돌아와서 아들딸에게 전주에 다녀온 이야기를 했더니 나더러 답답하단다.(…)

"아이고. 우리 엄마 못 말려."

"그럼 너희들은 나중에 엄마 안 챙기고 몰래 놀다 갈 거임?"

"응."

"응."

둘 다 머뭇거리지도 않고 힘차게도 대답한다. 에휴! 그래. 그렇게 해라. 진심으로, 정말로 진심으로, 너희들 편할 대로 살아라. 나 신경 쓰지 말고. 앗! 우리 엄마도 그렇게 말했는데.

이 글의 주제는 배려다. 이런 심심한 주제로 이렇게나 생생한 이야길 만들어 내다니, 이애란의 스토리텔링의 힘을 여실히 느낀다. 항상 부족하다고 끙끙대더니 어느덧 꾼으로 성장했다.

소요유(逍遙遊)

나는 위의 세 편의 평을 쓰면서 글이 풀리지 않아 무척 애를 먹었다. 내 나름대로 주제는 쉽게 파악할 수 있었다. 그런데 주제가 쉽게 드러나는 글이란 그만큼 재미가 없기 십상이다. 주제는 형상 속에 녹아서 스며들어야 한다. 사실 이애란은 주제를 의식하며 글을 쓰는 사람도 아니다. 이 글의 주제는 이거에요,라고 말하면, 아, 그래요? 하며, 관심은

커녕 참 별것 다 한다는 투로 무심하게 넘길 것만 같은 사람이다. 그런 그녀가 이야기뿐인, 그래서 이야기가 안 되는, 그래서 완전히 새로운 이야기를 썼다.

『도서관 나들이』와 『듀엣』은 기존의 수필독법으로 읽어내기는 불가능하다. 얼핏 보면 이런 글이 어떻게 문학이 되지 하며, 별 싱거운 글도 다 있지, 하며 무시할 수도 있다. 난 애가 탔다. 알 것 같은데 그걸 분명하게 끄집어내어 독자에게 납득시킬 재주가 없는 것이다. 왜 이렇게 어렵지? 난 글이 풀리지 않으면 몸으로 때울 작정을 한다. 재주 없는 자가 할 수 있는 유일한 방법이다. 괴로워하면서 견디는 것이다. 그러다 불현듯 한 생각이 스쳐지나갔다. 이 글엔 갈등이 없구나!

문학의 서사는 다른 성격들이 대립 갈등하다가 결국은 해소되는 구조다. 그래야 서사가 아기자기해지면서 흥미가 생긴다. 그런데 이야기에 갈등이 없다면? 어떻게 그럴 수 있지? 애당초 싸움이라는 걸 모르는 사람들의 이야기이니까. 세상에, 그런 글이란 정답만을 되풀이할 거고, 그건 나의 상식으론 글이 될 수 없는 것이다. 문학이란 답을 찾기 위한 추리와 설명이 아니기 때문이다. 이건 분명 새로운 인간형의 탄생이다. 아직 우리에게 낯선 새로운 문학세계인 것이다. 결론을 말하면 소요유(逍遙遊)다. 욕심 없는 자의 산책의 한가로움과 즐거움이다.

『도서관 나들이』는 어느 날 동네 도서관에 가서 이것저것 구경하다가 글 한 편 얻었다는 이야기이고, 『듀엣』은 동생과 한 이백 명 모이는 무대에 선 경험이다. 갈등이 없고, 매 순간순간이 새롭더라는 이야기다. 눈 밝은 독자라면 일상을 새롭게 발견하는 시선을 감지할 수 있다. 작가는 이 두 편을 쓰고난 후 어떤 것도 글이 되는 경험에 놀랐을 것이다. 왜 글이 되는가? 시선의 획득이다.

가르쳐 준 방향으로 길을 가는데 도서관은 보이지 않고 언덕만 한참 계속되었다. 왜 이리 멀담. 높기는 왜 이리 높아. 학교 다닐 때도 도서관이 산 위에 있어서 '하늘계단'을 오르내리게 하더니 이건 '하늘언덕'인가? 그땐 참 순진했다. 높은 곳은 다 하늘인 줄 알고 '하늘계단', '하늘카페' 운운하며 단지 커피 한 잔 마시러 계단 오르내리는 것을 마다하지 않았으니까. 지금은 힘만 들고 다 귀찮다. 푹푹 찌는 듯한 날씨에 두 정거장은` 족히 될 거리의 언덕을 올라갔더니 그 꼭대기에 도서관이 있었다.

글을 쓴다 하면서도 나는 글을 잘 쓰기 위한 노력을 특별히 하는 게 없었다. P선생의 모습에 자극 받아서 나도 좀더 진지하게 살아봐야 하는 게 아닌가 싶어 도서관에 오긴 했지만 사람 구경만 했는데 특별할 것 없어 보이는 사람들을 보며 편안해진다. 하기야 P선생의 도서관 사랑은 대단한 일이지만 그 분도 가끔은 이 사람들처럼 해찰도 하고 그러겠지? 사람인 이상 늘 진지하기만 할라고. 누군들 얼마나 별스럽게 살겠나 싶은 게 스스로의 게으름을 탓하던 압박이 은근슬쩍 가벼워진다.

『도서관 나들이』에서 딴 두 인용문이다. 참 별것도 아닌 것들에 대한 참 별것도 아닌 발견들이다. 이 별것도 아닌 걸 새삼 별것도 아니게 발견하는 게 일상의 새로운 눈뜸이다. 무시되어 보이지 않는 것을 새삼 보아주는 게 대상에게 생명을 불어넣는 것이다. 즐거운 소풍이다.

「듀엣」은 소제목만 나열하면 〈동생과 듀엣을?〉, 〈우리 놀자〉 〈그래도 즐거워〉다. 동생과 어떻게 듀엣을 하지? 하며 의심하다가, 연습 과정의 어려운 처지를 차라리 놀이 삼았다는 것이고, 그랬더니 즐겁더라는, 이쯤이면 그 어떤 것도 즐길 줄 아는 능력을 여실히 보여주었다. 욕심없는 자의 즐거운 산책이다. 이런 친구와 내기를 할 수 없다, 경쟁하지 않으니. 그래서 이런 친구를 절대로 이길 수 없고, 이런 친구는 누구에게도 지질 않는다. 그래서 삶의 매 순간을 즐거움으로 만들 수 있다. 물론 슬픔으로 만들 수도 있다. 삶의 질곡에 빠진 자들을 보면 뼛속까지 슬퍼하니까. 짐 진 자들아, 모두 내게로 오라. 하지만 자기 십자가는 자기가 지어야 하느니.

깨닫겠다는 건, 어쩌면 아직도 깨닫겠다는 자기 욕망에 갇힌 것일지도 모른다. 진정한 경지는 그 욕망마저 버릴 경지, 아니 버린 게 아니라 애당초 없이 태어나 버린 경지 아닐까.

난 이런 사람을 보면 실감하는 게 윤회다. 일회성 인생으론, 즉 딱 한 번 살아보는 것으론 이런 경지에 이를 수가 없는 것이다. 반면 욕심 많은 사람이나 폭력적인 사람을 보면 바로 보이는 거다. 저건 사람 되어본 적이 몇 십 번밖에 되지 못해서, 아직 사람 짓에 서툴구나! 욕심 많고, 잔인하고, 거만하고, 우둔하고….

이애란은 끝없는 긍정의 문학이라는 독특한 문학세계를

구축하고 있다. 자아(ego)에서 주체(subject)로 성장하는 세계다. 그 방법으로 제시된 것이 상대에 대한 공감과 배려, 그리고 그런 사람들이 함께하는 삶인 연대(連帶)다. 이런 실천적 덕목들이 구체화되는 일상의 작품세계가 확장될 때 문학이 인류를 구원할 것이다.

여기까진 오래 전 그녀가 특집할 때 썼던 평이다. 첫수필집 상재를 축하드린다.

아주 천천히 전혀 서두르지 않고 첫 수필집을 내는 것 같다. 등단 십수 년, 그간 발표한 글 중에서도 상당 부분 버리고 엄선한 것으로 보이는데, 부족함도 지나침도 없는 단정하고 정갈한 문체는 향기롭고, 이애란스러운 맑음이 감돌아 편안하고 싱그럽다.

여러 갈래의 산책

이지인(극작가)

 어린 시절, 저는 궁금증이 넘쳐흘러서 지나가는 구름 한 점만 보아도 엄마에게 끊임없이 질문하는 아이였습니다. 그럴 때마다 엄마는 귀찮으셨을 법한데도 짜증 한 번 내지 않고 오히려 저에게 더 많은 이야기가 될 수 있는 물음표를 불어넣어 주셨습니다. 생각해 보면, 저의 이야기는 엄마와 함께 올려다보던 작은 구름에서부터 시작되었던 것 같습니다. 그 덕에 저는 이야기와 글을 무척 사랑하는 사람으로 자라났고, 부족하지만 글을 쓰는 사람이 되었으며, 엄마의 책이 만들어지는 과정에도 미약하게나마 힘을 보탤 수 있었던 것 같습니다.

편집 보조를 맡아 엄마의 글을 읽으며, 엄마의 글 속에서 끊임없이 저를 발견할 수 있었습니다. 그만큼 엄마의 삶 속에 제가 깊게, 구석구석 박혀 있었다는 것이겠지요. 누군가를 사랑한다는 것은 그에게 시간을 쏟는 일일 것입니다. 그렇기에 저는 엄마의 글을 읽는 내내 사랑을 느낄 수 있었습니다. 그리고 동시에, 엄마의 글 속 등장인물이자 여행의 길동무가 될 수 있어 행복했습니다.

저자의 삶 중 분명 즐거운 시간만 있지는 않았음을 알고 있습니다. 박사 학위를 포기하고 엄마로서의 삶을 선택했던 순간을 포함하여, 누군가의 딸이자 엄마로서 많은 희생과 포기, 체념을 겪었을 텐데도, 엄마의 문장은 슬픔이나 한스러움이 아닌 유유자적한 즐거움을 향하고 있다는 것이 놀라웠습니다. 모든 일에 애써 기뻐할 필요는 없겠으나, 반대로 모든 일에 슬퍼할 필요도 없겠다는 것을 느꼈습니다. 그것이 엄마가 선택한 여행의 방식이고, 제가 엄마의 손을 잡고 계속 함께 가고 싶은 여정의 방향이기도 합니다.

본 작품집은 외부를 향한 여행에서 내면을 향한 산책, 그리고 삶에서 죽음으로 나아가는 여정에 대한 사유로 구성되어 있습니다. 화자는 스페인의 몬세라트 산을, 또는 담양의 가로수길을 유유자적 거닐다가도 때로는 다리가 부러져 휠체어 없이 걸을 수 없는 지경에 이르지만, 그럼에도 긍정의 시선을 잃지 않습니다. 이는 유약함, 노쇠함, 죽음에 대해서도 마찬가지입니다. 따뜻하지만 섣불리 동정하거나 비관하지도, 섣불리 욕심내지도 않습니다.

이제 이 책을 읽으시는 여러분들에게도 작은 여행이 시작되었으면 합니다. 이는 거창하거나 화려한 여행은 아닙니다. 아이가 집 앞에 나와 엄마의 손을 잡고 구름을 바라보는 정도의, 또는 휠체어를 겨우 올라탄 자가 병원 옥상의 문을 열고 나서는 정도의 여행이 될 것입니다. 이 책을 통해 여러 갈래의 산책을 경험하게 되시기를, 때로는 헛웃음이 나올 만큼의 이 소박한 여행이 여러분의 삶에 작은 위로와 웃음이 되기를 바라봅니다.

꽃구경 나서듯

2025년 3월 20일 제1쇄 발행

지은이 | 이애란
펴낸이 | 김종완
펴낸곳 | 에세이스트사

등록 | 문화 마02868
주소 | 경기도 양평군 양동면 석곡섬실1길 7-1
e-mail | essay7942@hanmail.net
e-cafe | http://cafe.daum.net/essayist123

값 15,000원
ISBN 979-11-89958-59-6 03810

* 저자와의 합의 하에 인지는 생략합니다.